태권도와 체조

태권도와 체조

초판1쇄인쇄 2015년 2월 24일
초판1쇄발행 2015년 2월 27일
지은이 최성곤 | **펴낸이** 신일희 | **펴낸곳** 계명대학교출판부
출판등록 제347-1998-1호(1970. 9. 1)

주소 대구광역시 달서구 달구벌대로 1095
전화 053) 580-6233 | FAX 053) 580-6235

ISBN 978-89-7585-700-3 93690

· 값 19,000원
· 잘못 만들어진 책은 교환해 드립니다.

이 도서의 국립중앙도서관 출판예정도서목록(CIP)은 서지정보유통지원 시스템 홈페이지(http://seoji.nl.go.kr)와 국가자료공동목록시스템 (http://www.nl.go.kr/kolisnet)에서 이용하실 수 있습니다.
(CIP제어번호: CIP2015005632)

태권도와 체조

최성곤 지음

계명대학교 출판부

머리말

체조는 신체의 조화로운 발달과 유연성을 기르며, 근력을 강화하여 운동 기량을 향상시키는데 꼭 필요한 운동이다. 특히 태권도 수련자는 다른 운동 보다 유연성, 민첩성, 순발력, 평형성, 교치성 등이 요구되는 운동으로 태권도의 손과 발 기술의 단계보다 먼저 익히고 길러야할 과제라는 것을 알 수 있었다.

태권도학과에서 태권도학을 전공하고 지도자의 길을 가고자 하는 학생들에게는 태권도를 보다 잘 가르치고, 훌륭한 기술을 익히기 위하여 체조 동작을 태권도 기술을 향상시키는데 보조·보강 운동으로 활용, 연구할 필요성이 있다.

그러나 이에 적합한 전문 서적은 부족한 상태이다. 이에 본서는 태권도를 수련하고 지도해야 할 태권도 지도자들이 보다 훌륭한 태권도 기술을 지도하는데 도움이 될 수 있도록 하고자 태권도와 체조를 다음과 같이 수록해 보았다.

제1장은 운동 시 신체의 상해를 줄이고, 태권도의 기량을 향상시키기 위한 유연성 체조로서 높은 유연성을 요구하는 태권도에 적합한 유연체조를 각 부위별로 정리 하였으며, 제2장매트운동은 태권도의 기본동작에서 고난도 기술에 이르기까지 요구되는 기초체력 및 민첩성, 순발력, 평형성, 교치성을 향상시켜, 기량 높이고 운동 상해를 예방하는데 도움이 될 것이며, 제3장에서는 곤봉체조로서 상체의 유연성과 단봉, 쌍절곤 등의 무기술 습득에 도움이 될 것이다. 제4장은 태권도 스텝운동에 활용되는 줄넘기 체조로서 다양한 스텝을 요하는 태권도 동작에 적합한 보조·보강 운동으로 활용 될 것으로 사료된다. 제5장은 체조 경기의 이해를 높이고자 남자 채점 규칙과 여자 채점 규칙을 수록하였다.

아무쪼록 본 교재를 통하여 태권도 전공자들이 태권도 기술향상과 지도에 도움이 되기를 바라면서 출판에 열과 성을 다해주신 계명대학교 출판부에 감사드립니다.

2014년 12월

최 성 곤

목차

제3장 곤봉체조

제4장 줄넘기 체조

제5장 체조 경기의 이해

제1장

유연성 체조

1. 유연성 체조의 이해
2. 하체부 유연체조
3. 요부 스트레칭
4. 상체부 스트레칭
5. 입식(立式) 스트레칭
6. 좌식(坐式) 스트레칭

제1장

유연성 체조

1. 유연성 체조의 이해

1) 유연성 체조의 대상

모든 사람이 유연성 체조을 배울 수 있으며, 나이나 유연성에 상관없이, 신체적 상태나 독특한 운동기술을 갖고 있을 필요도 없다. 책상에 앉아 있거나, 작업을 하거나, 집안일을 하거나, 장시간 서 있거나, 운전을 하거나 운동을 규칙적으로 할 때나 유연성 체조의 똑같은 기술이 적용된다. 그 방법은 쉽고 편하며 긴장과 유연성의 개인적 차이를 갖는다. 그러므로, 특별한 신체적 문제가 없이 건강하다면 누구나 안전하고도 즐겁게 유연성 체조법을 배울 수 있다.

그러나 최근에 육체적 문제나 수술(특히 관절이나 근육에)을 하였다든지, 또는 어느 기간동안 비활동적이고 앉아서 하는 생활을 했다면 스트레칭이나 운동프로그램을 시작하기 전에 전문의와 상의하여야 한다.

2) 유연성 체조의 시기

유연성 체조는 어느 때나 실시할 수 있다. 일할 때, 차안에서, 버스를 기다리며, 도로를 따라 걸을 때, 하이킹 후에 나무그늘에서 쉴 때, 또는 해변에서, 육체적 활동의 전후에 스트레칭을 실시한다.

- 하루를 시작하기 전 아침에
- 작업할 때 신경의 긴장을 완화시키기 위하여
- 오랫동안 앉아 있었거나 서 있은 후에
- 뻣뻣함을 느낄 때
- 하루 중 그때 그때 : TV 볼 때, 음악 들을 때, 독서할 때, 앉아 있거나 대화할 때

3) 유연성 체조의 필요성

유연성 체조는 마음을 완화시키고 육체를 조율시켜 줌으로 하루 일상 생활의 일부가 되어야 한다. 규칙적인 유연성 체조는 다음과 같은 작용들을 한다.

- 근육의 긴장을 완화시키고 육체를 더욱 편안하게 만들어 준다.
- 보다 자유롭고 쉬운 동작을 가능하게 함으로써 조정능력을 도와준다.
- 동작의 범위를 확장시켜 준다.
- 근육의 부상을 막아준다(사전에 유연성 체조를 실시한 근육은 유연성 체조를 실시하지 않은 근육보다 압박에 더욱 잘 저항한다).
- 유연성 체조는 활동에 대하여 신체를 준비시킴으로써 달리기, 스키, 테니스, 수영, 사이클링과 같은 격렬한 운동을 좀 더 쉽게 할 수 있게 해준다; 그것은 근육에게 곧 사용될 것임을 신호하는 방법이다.
- 신체 지각력을 발달시킨다. 신체의 여러 부분을 스트레칭 할 때 근육에 집중하게 되고 접촉하게 됨으로써 스스로 자신을 알게 된다.
- 마인드 컨트롤을 원활하도록 도와줌으로써 신체가 경쟁이나 이기심보다는 자기 신체를 위해 움직이게 한다.
- 순환을 촉진시킨다.
- 좋은 느낌을 준다.

4) 유연성 체조 방법

유연성 체조는 배우기 쉽다. 그러나 옳은 방법과 틀린 방법이 있다. 옳은 방법은 유연성 체조가 실시되고 있는 근육에 주의력을 집중하여 편안하게 유연성 체조를 하는 것이다. 틀린 방법은 많은 사람들이 행하고 있는 것 중에 하나로, 아래 위로 반동을 주거나 고통스러울 정도까지 유연성 체조를 하는 것이다. 이런 방법은 유익하기보다는 더 큰 해를 준다.

만약 정확하고도 규칙적으로 스트레칭 한다면 시행하는 모든 동작이 더 쉬워짐을 알게 될 것이다. 경직된 근육이나 근육군을 부드럽게 하는 데는 시간이 걸린다. 그러나 좋은 느낌을 갖기 시작하면 고통스런 시간은 빠르게 지나갈 것이다.

(1) 편한 유연성 체조

유연성 체조를 시작하면 편한 스트레칭에 10~30초를 할애 하고 반동은 이용하지 않도록 한다. 부드러운 긴장을 느낄 때까지 행한다. 그리고 스트레칭 하는 동안 편안해야하며, 자세를 지속함에 따라 긴장은 잠잠해져야 한다. 그렇지 않으면 조금 늦추고 편안한 정도의 긴장을 찾는다. 편한 스트레칭은 근육긴장을 감소시키고 유연성의 진전을 위해 섬유조직을 준비시킨다.

(2) 진전된 유연성 체조

편한 스트레칭을 한 후에 서서히 진전된 스트레칭으로 옮겨간다. 역시 반동은 이용하지 말며, 약간의 긴장을 느낄 만큼 1인치 정도 더 늘려서 10~30초 동안 유지한다. 그리고 다시 긴장은 감소해야 한다. 그렇지 않으면 조금 완화시킨다. 진전된 스트레칭은 근육을 좋게 조율시키고 유연성을 증가시킨다.

(3) 호흡

호흡은 천천히, 리드미컬하게 절제된 가운데 해야 한다. 만약 유연성 체조를 하기 위해 앞으로 굽히고 있다면, 굽히면서 내쉬고, 유연성 체조를 하는 동안 천천히 숨을 쉰다. 유연성 체조를 하는 동안 숨을 멈추지 말아야 한다. 스트레칭으로 인해 자연스런 호흡패턴이 침해받는다면 분명히 편안하지 않다. 자연스럽게 호흡할 수 있도록 스트레칭을 편하게 한다.

(4) 시간

처음엔 각 스트레칭마다 초를 조용히 센다. 이것은 적당한 긴장을 충분히 오랫동안 유지토록 해 준다.

(5) 신장반사

근육은 신장반사라 불리는 메커니즘에 의해 보호된다. 근육섬유를 너무 멀리 스트레칭 할 때마다(반동을 이용하거나 과도한 스트레칭시) 신장반사 체계는 근육에게 수축하도록 신호를 보냄으로써 반응한다. 이렇게 근육을 부상으로부터 보호한다. 그러므로 너무 멀리 스트레칭 할 때 스트레칭 하고 있는 그 근육을 경직시키고 있는 것이다(뜨거운 것을 만졌을 때도 비슷한 비자발적인 근육반응을 갖게 된다. 자신이 생각하기도 전에 신체는 열로부터 재빨리 후퇴하는 것이다).

최대한 스트레칭 되든지 위 아래로 반동을 하면 근육이 긴장되고 신장반사가 활성화된다. 이런 해로운 방법이 근육 섬유의 미세한 파열로 인한 육체적 손상과 고통을 유발시킨다. 이러한 파열은 근육내에 상처섬유를 형성시킴으로써 점차적으로 탄력성을 상실시킨다. 근육은 경직되고 아프게 되는 것이다. 이런 해로운 방법으로 어떻게 매일 즐겁게 스트레칭을 실시할수 있겠는가.

우리 모두 고등학교 때 "고통이 없으면 얻는 것도 없다"는 식의 사고에 길들여져 있다. 우리는 육체적 발달에 따르는 고통을 사귀는 법을 배웠고 "자꾸 다치다보면 점차 괜찮아 질것이다"라고 배워왔다. 그러나 그것은 어리석은 것이다. 속지마라, 스트레칭은 정확히 시행되면 고통스럽지 않다. 고통은 무언가가 잘못되고 있다는 신호이다. 신체에 주의를 기울이는 법을 배워야한다.

2. 하체부 유연체조

손으로 약간의 저항을 주면서 충분한 범위로 당신의 발목을 좌우로 돌려라. 발목의 회전 동작은 경직된 인대를 스트레칭 하는데 도움이 된다. 각 방향으로 10~20회 반복한다. 양 발목에 실시하되 두 발목 사이에 경직성 혹은 동작의 범위 상에 차이가 있는지 느껴본다. 경우에 따라 한 때 삔 적이 있는 발목은 약간 더 약해졌거나 경직되어 있을 것이다. 이 차이는 발목을 따로 스트레칭을 시행하여 비교하면 깨닫게 된다.

다음으로 발의 끝부분, 발가락의 건(tendons)을 스트레칭 하기 위하여 손가락을 이용하여 발가락을 가볍게 당겨라. 쉬운 스트레칭으로 10초 동안 유지하며 2~3번 반복한다.

엄지 손가락으로 발의 종아취를 아래 위로 마사지 한다. 섬유를 풀어주기 위하여 충분한 압력으로 돌리는 동작을 이용한다. 이 때 양 발 모두를 실시한다. 자기 전에 항상 양발을 2~3분씩 마사지 하면 발이 편안해진다. 이것은 TV 보면서 혹은 잠자기 전에 자연스럽게 하기에 좋다. 느낌이 좋은 만큼의 압력으로 마사지 한다.

대퇴의 슬괴근과 둔부를 스트레칭하기 위하여 발목의 바깥쪽에 한 손을 구부러진 무릎 주위에 다른 손과 팔뚝을 놓고 대퇴 뒷 부분에 쉬운 스트레칭을 느낄 때까지 가슴쪽으로 조금씩 다리를 당긴다. 지지물에 등을 대고 실시해도 좋다. 무릎에 압박이 느껴지지 않도록 다리를 반드시 조금씩 당겨라. 이런 후에 다리를 가슴쪽으로 좀 더 당김으로써 스트레칭을 증가시켜라. 이 진전된 스트레칭을 20초간 유지한다.

그리고 누워서 그림과 같이 다리 쪽으로 기울인다. 둔부와 대퇴슬괴근에 편안한 스트레칭을 느낄 때까지 다리를 가볍게 조금씩 가슴쪽으로 당겨라. 20초 유지하라. 누운 자세에서의 이 스트레칭은 그 부분이 비교적 유연한 사람들의 슬괴근에 스트레칭을 증가시켜 준다. 스트레칭 시 머리를 앞쪽으로 할 때와 후두가 바닥에 있을 때의 차이를 살펴라. 항상 개인에 따라 편안한 범위 내에서 스트레칭을 한다.

왼쪽으로 누워서 왼손에 머리의 측면을 둔다. 오른발의 발가락과 발목 사이를 오른손으로 잡고 발목과 대퇴근(넓적다리 앞부분)이 스트레칭 되도록 오른쪽 발목을 오른쪽 둔부 쪽으로 부드럽게 당겨라. 편안한 스트레칭을 10초 유지한다. 절대로 고통스러울 정도까지 스트레칭 하지 않는다.

오른손 쪽으로 오른발을 밀어서 둔근을 수축시킴으로써 오른쪽 둔부의 앞쪽을 앞으로 움직여 넓적다리 앞쪽을 스트레칭 한다. 편안한 스트레칭을 10초 유지한다.

어깨 앞쪽에 좋은 스트레칭의 느낌을 받을 수도 있다. 처음에는 오랫동안 이 자세를 유지하기가 힘들 것이다. 유연성이나 모양은 걱정하지 말고 올바른 방법으로 규칙적인 스트레칭은 확실한 변화를 가져온다.

대퇴부를 위한 앉아서 하는 스트레칭 : 먼저 오른쪽 발꿈치를 오른 둔부의 바깥쪽에 두고 오른 다리를 구부리고 앉는다. 왼다리는 굽히고, 발바닥은 오른쪽 대퇴의 안쪽 옆에 둔다. 왼다리를 앞쪽으로 곧바로 편채로도 이 스트레칭을 할 수 있다.

이 스트레칭 자세에서 발은 발목 이 구부러진채 뒤로 뻗어 있어야 한다.

만약 발목이 스트레칭을 제한한다면 발목의 긴장을 줄이기 위하여 발을 옆쪽으로 움직인다.

발이 자세의 옆으로 삐져 나가지 않게 한다. 발을 뒷 쪽으로 뾰족하게 뻗음으로써 무릎 안쪽의 압박을 제거할 수 있다. 옆쪽으로 발이 삐져나올수록 무릎에는 더 많은 압력을 가할 수 있다.

이제 편안한 스트레칭을 느낄 때까지 뒤로 누워라. 지지와 균형을 위해 손을 사용한다. 이 편안한 스트레칭을 30초 유지한다.

어떤 사람들은 적당한 스트레칭의 긴장을 얻기 위하여 다른 사람들보다 훨씬 뒤로 많이 누워야 할 것이다. 그리고 어떤 사람들은 뒤로 전혀 눕지 않고도 적당한 만큼의 신장력을 느낄 수 있다.

무릎이 바닥에서 뜨지 않도록 하라. 무릎이 올라가면 너무 뒤로 멀리 누워서 과도한 스트레칭을 하고 있는 상태이다.

천천히 조절하여 진전된 스트레칭으로 발전시킨다. 25초 동안 유지한 후 서서히 자세를 풀고 바꾸어서 왼쪽 대퇴도 같은 방법으로 스트레칭 한다.

대퇴사두근을 스트레칭 한 다음에, 둔부를 뒤집듯이 들리면서 구부러진 다리쪽의 둔부를 경직시키며 힘을 주듯이 연습을 한다. 이것은 둔부 앞쪽을 스트레칭 하는데 도움을 주고 대퇴전반에 걸쳐 더 좋은 스트레칭이 될 것이다. 둔부 근육을 5~8초 수축시킨 후에 둔부의 힘을 빼주고 쉰다. 둔부를 다시 땅으로 내리고 대퇴사두근을 다시 15초 동안 스트레칭 한다. 대퇴사두근을 스트레칭 하는 동안 둔부의 양쪽이 바닥에 동시에 닿는 연습을 한다.

만약 스트레칭 하는 동안에 무릎관절에 통증이 있으면 스트레칭 하고 있는 다리의 무릎을 몸의 중앙선 쪽으로 더 가까이 옮기면서 좀 더 편안한 자세를 찾는다.

몸의 중앙선 쪽으로 무릎을 더 가까이 옮기면 통증이 가실 것이다. 그러나 자세를 바꾸어도 고통이 가라앉지 않으면 스트레칭을 중단한다.

구부러진 쪽의 슬괴근(대퇴의 뒷부분)을 스트레칭 하기 위하여 왼쪽 발바닥을 오른쪽 대퇴 안쪽에 살짝 대고 오른쪽 다리를 곧게 편다. 이렇게 20초 유지, 스트레칭의 감각이 감소하면 둔부로부터 좀더 앞으로 굽혀라. 이 진전된 스트레칭을 25초 동안 유지하라. 그 다음에 위치를 바꾸어 똑같은 식으로 왼다리를 스트레칭 한다.

이 스트레칭 동안 쭉 편 다리의 발을 발목과 발가락은 힘을 뺀채로 똑바로 세운다. 스트레칭을 시작할 때 머리를 앞으로 기울이지 않는다.

처음에는 대퇴사두근을 그리고 나서 같은 쪽 다리의 슬괴근을 스트레칭 하는 것이 더욱 쉽다.

만약 발까지 손이 쉽게 미치지 않으면 스트레칭 하는데 수건을 사용한다.

왼팔로 몸을 가로질러 뻗쳐서 오른 다리 바깥쪽에 올려놓고 오른 팔은 균형을 위해서 옆 바깥쪽에 놓는다. 이것은 슬괵근 뿐 아니라 등과 척출의 상부 근육과 요부의 측면을 스트레칭 시킨다. 스트레칭을 변형시키기 위하여 왼쪽 둔부의 앞부분 안쪽으로 돌리면서 오른쪽 어깨 너머를 바라보라. 이렇게 하면 요부와 견갑골의 사이가 스트레칭 될 것이다.

특별히 유연한 사람은 이 자세를 변형시킴으로써 측면을 따라서 스트레칭을 증가시킬 수 있다. 오른 다리를 곧게 펴고 왼손을 머리 너머로 쭉펴서 오른발의 바깥쪽을 쥐고 구부릴 때 오른손은 왼쪽 무릎위에 둔다. 이것은 슬괴근과 상체의 옆 부분을 스트레칭하는 훌륭한 방법이다. 이 방법은 허리선 관리에 좋다.

하퇴의 뒷부분(비복근과 가자미근)을 스트레칭하기 위해서 수건을 말아서 발의 돌기된 부분에 넣어 사용하든지 또는 만약 당신이 보다 유연하다면 손을 이용하여 발가락을 무릎 쪽으로 당긴다. 편안한 신장을 발견하여 25초 유지한다. 스트레칭을 증가시키기 위해 앞쪽으로 둔부로부터 허리를 기울일 필요가 있을 수도 있다.

하퇴의 바깥쪽을 스트레칭하기 위하여 반대 손을 뻗어 발의 바깥선 위를 잡는다.

하퇴의 바깥쪽에 스트레칭을 느끼기 위해 발의 바깥쪽을 안쪽으로 돌린다. 이것은 다리를 쭉 편 상태에서 해야 한다. 그러나 만약 편 다리 쪽의 발 바깥 선을 쉽게 취할 수 없다면 다리는 굽어져도 상관없다. 펴진 다리의 자세에서 대퇴부는 부드럽고 힘이 들어가 있지 않아야 한다. 편안한 스트레칭을 25초 유지한다.

무릎 뒷부분을 격리시켜 스트레칭 하기 위해서 한 다리를 쭉 펴고 시작한다. 그리고 나서 다른 쪽 무릎을 구부려 그 발의 발목부분을 쭉 편 다리의 바깥쪽 무릎 너머로 올려 놓아라. 이제 무릎 뒤에서 편안한 스트레칭이 느껴질 때까지 부드럽게 둔부로부터 앞으로 구부려서 편안한 스트레칭을 20초간 진전된 스트레칭을 15초간 실시한다. 이 스트레칭은 무릎 뒤가 경직 되어 있는 사람들에게 좋다. 그러나 항상 과도한 스트레칭을 하지 않도록 주의한다.

앉아서 스트레칭을 할 때 무릎이 과도하게 펴지지 않도록 한다. 쭉 편 다리를 사용하는 자세에서 대퇴의 앞 부분에 힘이 들어가지 않게 한다. 저항을 받는 근육과 대퇴부에 힘이 빠져 있지 않으면 슬괴근을 스트레칭 하는 것은 불가능하다.

요 약

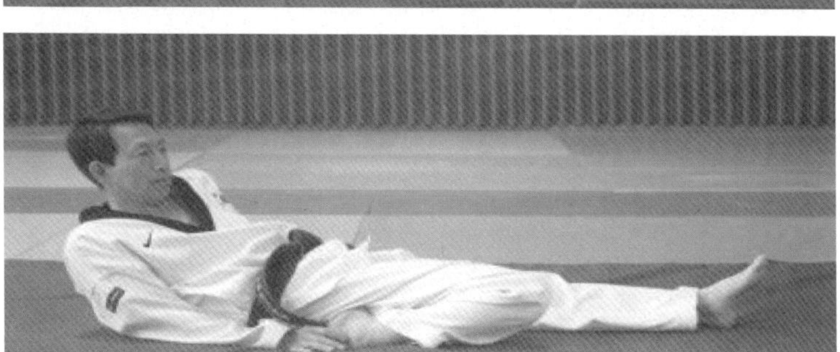

스트레칭 하는 동안의 반동시키는 동작은 더 경직되게 할 수 있다. 예를 들어 발가락을 만져서 4~5회 반동시키고(우리 대부분의 학교에서 그렇게 한다) 몇 분 후에 다시 구부려보면 오히려 처음에 할 때보다 더 구부릴 수 있다는 것을 발견 할 것이다. 반동시키는 동작을 할 때마다 신장반사는 활성화되고 스트레칭 하려는 부분의 근육은 경직될 것이다.

3. 요부 스트레칭

배근-골반을 위한 자세

등을 위한 스트레칭들을 할 땐 딱딱 하지는 않되 튼튼한 표면 위가 가장 좋다. 그러나 만일 너무 딱딱한 표면 위라면 쉽게 몸의 힘을 뺄 수 없을 것이다.

누워서 왼 다리를 가슴 쪽으로 당기고 머리 후두부를 가능하다면 매트에 댄 채 유지한다. 그러나 무리하지는 않는다. 설사 머리를 아래로 하고 그 동작을 할 수 없더라도 걱정하지 말고 무리하지 않는 한도내에서 다른 다리를 최대한 곧게 한다. 이것은 등 근육과 슬괴근을 서서히 유연하게 하는데 도움이 될 것이다. 30초간 지속한다.

딱딱한 표면에서 하지 말고 매트나 깔개 위에서 한다. 앉은 자세에서 손으로 무릎을 잡아서 가슴으로 끌어 당겨라. 턱을 가슴 쪽으로 내리면서 척추를 위 아래로 굴려라. 이것은 척추를 따라 붙어 있는 근육을 더욱 스트레칭시켜 줄 것이다.

균등하게 조절 하에 구르도록 노력하라. 4~8회 또는 등이 유연하게 되기 시작하는 것을 느낄 때까지 앞뒤로 천천히 굴린다. 육체의 상쾌함을 서서히 증가시킨다.

다음은 하퇴를 교대로 엇갈려 내려 당기면서 구른다. 뒤쪽으로 구를 때 다리를 교차시키면서 동시에 당신의 발을(바깥쪽에서부터) 가슴 쪽으로 당겨라. 발이 교차되지 않은 앉은 자세로 오기 위해 굴러서 일어날 때 발을 풀어 준다(항상 다리가 교차되지 않은 상태에서 구른다). 반복 할 때 마다 굴러서 당김에 따라 양쪽이 균등하게 스트레칭

되게 하기 위해 하퇴를 서로 교대로 교차시켜 6~8회 반복하라.

주의 : 등이 극도로 경직되어 있다 하더라도 처음부터 너무 많이 스트레칭 하지 말라. 항상 지속적이고 가볍게 다리를 가슴 쪽으로 당겨라. 긴장을 푸는 것에 집중하면서, 그리고 인내심을 가지고 서서히, 가볍게 실시한다.

만일 목(경추)에 문제가 있으면 이 스트레칭은 조심하라. 이것들은 많은 사람들에게 있어서 어려운 스트레칭들이다.

다리를 머리 뒤로 넘기는 스트레칭 : 등 근육이 어느 정도 스트레칭 되고 유연하게 되었으면, 서서히 발과 다리를 머리 위쪽에 두고 뒤로 구르라. 손은 스트레칭의 균형과 지지를 위하여 둔부위에 두어라. 편안하고 자연스러운 호흡이 가능한 자세로, 편안한 자세로 긴장을 풀어라.

등을 스트레칭 하는 좋은 방법은 편안한 자세를 취하는 것, 자세를 조금씩 바꾸면서 스트레칭을 증가시키는 것, 그리고 원래의 편안한 자세로 돌아오는 것이다. 스트레칭 하는 것과 긴장 푸는 것을 배우고 서두르지 말아라.

다리를 머리 위로 하고 각각의 척추 선 위로 서서히 한 번에 뒤로 구른다. 처음에는 빨리 뒤로 넘어가지만 연습하면 등이 유연해져서 서서히 내려갈 수 있을 것이다.

손을 무릎 바로 뒤에 놓고뒤로 구르는 것에 따라 무릎이 굽어지게 하라. 다리를 안정시키는데 팔을 이용한다. 이것은 자신의 구르는 속도를 잘 조절할 수 있게 해준다.

이렇게 다리를 머리 위로 한 상태에서 서서히 구르는 것은 등의 어떤 부분이 가장 경직되어 있는 지를 발견하는 좋은 방법이다. 그러나 매일 짧은 시간이나마 가볍게 스트레칭 해주면 그 경직되고 유연치 못한 부분을 유연하게 할 수 있다.

등에 스트레칭을 더 강하게 해주기 위하여 다리를 머리 위로 한 자세에서 팔을 머리 위로 하여 매트의 가장자리나 무거운 가구같이 안정된 것을 잡아라. 이제 팔을 조금 굽히고 무릎을 어느 정도 구부려준 상태로 서서히 한번에 척추 하나씩 내려라. 손으로 무엇인가를 잡아줌으로써 등을 더 충분하게 스트레칭 할 수 있다. 서서히 조절하면서 한다.

다음 동작은 머리 위로 다리를 올리는 여러 변형들이다.

만약 발가락을 당신의 뒤쪽 바닥에 닿게 할 수 없다면 무릎을 구부리고 편한 자세를 취하라.

또는 무릎을 구부리고 뻗어서 머리의 양쪽에 대어라.

유연하게 되면 다리를 머리 위로 하기를 다리를 쭉 펴고 손가락으로 발가락을 잡고서도 할 수 있다.

이것은 슬괴근을 더 멀리 스트레칭 하고 요부 중앙의 스트레칭을 증가시키는데 도움이 될 것이다. 또는 다리를 거의 곱게 뻗은 채, 팔을 몸의 앞 쪽에 둘 수도 있을 것이다.

해 보라.

머리 위로 다리 올리기 자세에서 스트레칭 하는 것도 가능하다.

복근이 꽤 강한 편이라면 손은 균형을 잡기위해 둔부에 두고 반 어깨로 서기를 시도해 보라.

머리 위로 다리 올리기는 복부의 지방을 줄이고 등을 스트레칭 시키는 좋은 자세이고, 발을 올림으로써 하지에서의 혈액 순환을 도와준다.

많은 사람들은 장시간 서서 있거나 앉아 있으므로 해서 요부가 피로해진다. 이 긴장을 줄이도록 도와주는 하나의 자세로 쪼그려 앉기가 있다.

2서 있는 자세로부터, 발을 땅에 모두 대고 발을 약 15° 각도를 이루게 벌린 채 쪼그려 앉아. 발꿈치가 얼마나 유연한가에 따라서, 또는 스트레칭에 친숙해짐에 따라 또는 어느 부분을 스트레칭 하기를 원하는가에 따라 4~12인치 떨어지게 해야 한다. 쪼그려 앉기는 하퇴의 앞부분, 무릎, 등, 발목, 아킬레스건, 서혜부의 깊숙한 부분을 스트레칭 시킨다. 쪼그려 앉기 자세에서 무릎은 엄지 발가락의 바로 위에 있어야 한다. 편안하게 30초 동안 유지하라. 어떤 이들에게는 이 자세가 쉬울 것이고 또 어떤 이들에게는 매우 힘들 것이다.

변형 : 처음엔 균형 잡는데 문제가 있을 수도 있다 : 대개는 경직된 발목, 경직된 아킬레스건 때문에 뒤쪽으로 주저앉는다. 앉지 못한다면 이 자세를 배우는 다른 방법들이 있다.

쪼그려 앉기 자세를 아래쪽으로 경사진 찻길이나 언덕길에서 시도하라.

또는, 벽에 등을 기대고 시도하라. 균형을 잡기 위해 손으로 담장이나 대를 잡을 수도 있다. 무릎에 어떤 문제가 있다면 주의하고 고통이 있으면 이 스트레칭을 중지하라.

서혜부의 스트레칭을 증가시키기 위하여 팔꿈치를 대퇴의 안쪽에 대고, 허리서부터 앞으로 굽히면서 두 팔꿈치로 다리를 서서히 바깥쪽으로 밀어라. 손가락들은 발의 바깥 경계를 잡은 상태이어야 한다. 그 중 엄지손가락은 발의 안쪽에 있어야 한다. 20초간 유지한다. 중심잡기가 힘들면 발꿈치를 조금씩 올려라. 쪼그려 앉은 자세에서 일어 설 때는 턱을 약간 당기고 다리 힘으로 일어날 등을 곧게 펴고 대퇴사두근의 작용으로 곧장 일어선다. 일어설 때 고개를 앞으로 숙이지 말라. 이것은 요부에 많은 중압을 준다.

요　　약

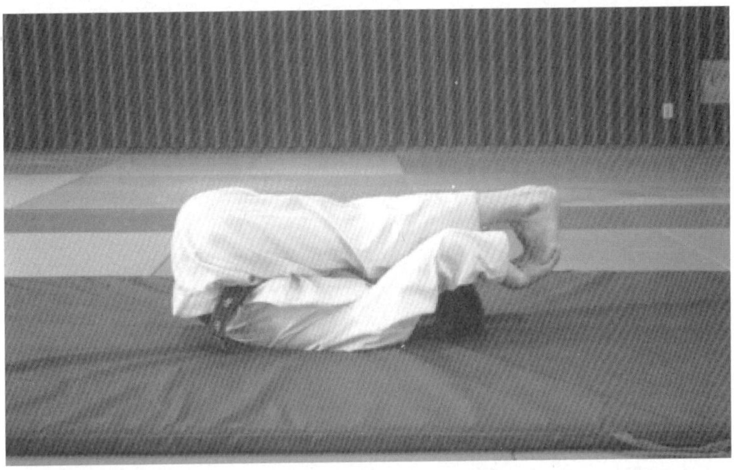

요부, 둔부, 서혜부 스트레칭

발을 모으고 곧장 앞으로 향한 채 선 자세로 시작하라. 서서히 둔부로부터 앞으로 굽혀라. 스트레칭 하는 동안 요부에 압박을 받지 않도록 1인치 정도 앞쪽으로 구부러진 상태를 항상 유지한다. 목과 팔에 힘을 빼고 다리 뒷 부분에 가벼운 스트레칭을 느낄수 있도록 행하여라. 가벼운 정도로 편안해질 때까지 15~25초 지속한다. 스트레칭 되고 있는 부분에 정신을 집중함으로써 몸에 힘이 들어가지 않도록 이완한다. 스트레칭을 할 때 무릎이 과도하게 펴지거나 반동되지 않도록 하라. 편안한 스트레칭을 유지하며, 더 늘이려고 하기보다는 느낌을 따라서 스트레칭 한다.

이 스트레칭을 하면 대개 슬괴근(대퇴의 뒷부분)과 무릎 뒷쪽이 스트레칭 되는 것을 느낄 것이다. 등도 역시 스트레칭 되겠지만 대부분의 스트레칭이 뒷쪽에서 느껴질 것이다.

어떤 사람은 발가락까지 혹은 무릎 윗 부분까지 닿을 수 있을 것이다.

우리가 유연성에 있어서 저마다 다르지만 우리 모두 근육을 스트레칭하고 있다는 점에 있어서 만은 공통된 것이다.

중요 : 스트레칭 하기 위해 허리를 굽힐 때마다 무릎을 약간(1인치 정도) 굽힌다. 그럼으로써 아랫 등의 압박을 제거하는 것이다. 서 있는 데는 요부의 작은 근육 대신에 대퇴의 큰 근육을 사용하라. 절대로 무릎에 힘이 들어간 채로 똑바로 서지 마라.

이 스트레칭은 특히 아침이나 또는 추울 때 무거운 노동 같은 것을 할 때 특히 좋다.

요부의 근육을 보호함으로써 많은 부상을 방지할 수 있을 것이다.

이 원리는 바닥으로부터 무거운 물건을 들어올릴 때 중요하다.

다음으로, 뒷 꿈치를 바닥에 편평하게 발가락을 곧장 앞으로 뻗고 발을 어깨 넓이 정도로 벌린 채 무릎을 굽힌 자세를 유지하라.

이렇게 무릎을 굽힌 자세는 대퇴 사두근에는 힘이 들어가게 하고 슬괴근엔 힘이 빠지게 한다. 대퇴 사두근의 제1기능은 다리를 곧게 펴는 것이며 슬괴근의 기초적인 작용은 무릎을 굽히는 것이다. 이 근육들은 서로 대조적인 작용을 하므로 대퇴 사두근에 힘이 들어가게 되면 슬괴근은 힘이 빠지게 된다.

이제 무릎이 굽혀진 자세를 취하면서, 대퇴부의 전면과 후면의 차이점을 느껴보라.

슬괴근은 부드러워지며 힘이 빠지는 반면에 대퇴사두근은 단단해지며 힘이 들어가게 되는 것을 알게 될 것이다. 만약 슬괴근이 처음부터 힘이 빠져 있게 되면 스트레칭 하기는 더 쉽다.

무릎을 굽힌 자세를 취한 뒤에 일어섰다가 무릎을 살짝 굽힌 채 반동을 주지 말고 몸을 다시 굽혀라. 아마 조금 더 굽힐 수 있을 것이다. 이 스트레칭을 30초간 취한다.

팔과 다리에 중량을 분산시킬 수 있다면 스트레칭 하기가 더 쉬울 것이다. 만약 무릎을 약간 굽힌 채 손바닥을 땅에 댈 수 없다면(많은 사람들이 할 수 없을 것이다) 층계나 돌 또는 책더미에 손을 올려놓는데 사용하라. 힘을 빼기 위하여 손과 발 사이에서 균형을 취하라.

이 스트레칭의 또 다른 변형으로써, 손을 하퇴의 뒷면 또는 발목 부분에 두는 것이다. 손으로 상체를 당김으로써 아주 안정된 자세로 힘을 빼는데 집중하면서도 다리와 등에의 스트레칭을 증가시킬 수 있을 것이다. 너무 많이 당기지 말고 편안함을 느끼는 정도까지만 당겨라. 스트레칭을 지속하라. 무릎이 약간 굽혀지도록 유지하라.

다음으로 다리를 곧게 펴고 발을 세우고 발꿈치를 서로 6인치 이상 떨어지지 않게 하고 앉으라. 편안한 스트레칭에 도달할 때까지 둔부로부터 굽혀 20초간 유지한다. 아마 무릎 뒤 대퇴 뒷면에 느낌이 있을 것이다. 만약 등이 경직되어 있다면 요부에 스트레칭이 느껴질 수도 있다. 이 스트레칭을 시작할 때 머리를 앞으로 기울이지 말고 둔부가 뒷쪽으로 빠지지 않게 한다.

요부를 둥글게 하지 않은 채 둔부에서 굽히도록 유의하라.

요부를 편평하게 하기 위해 벽에 기대여 앉을 필요가 있을지도 모른다. 경직되어 있다면 이 자세는 그 자체로서도 충분한 스트레칭이 될 것이다.

만약 스트레칭을 편안하게 할 수 있는 지점을 찾아내기 힘들면 타올을 사용하라.

타올을 발에 둘러서 그 끝을 잡고 스트레칭을 하면서 편안해질 수 있는 곳까지 둔부로부터 자신을 끌어 당겨라. 적당한 스트레칭이 일어날 때까지 손가락을 이용하여 수건을 아래쪽으로 움직여라.

이 자세에서의 과도한 스트레칭은 금물이다. 양쪽 다리의 뒷면은 서로 그 경직성이나 긴장도가 다를 것이므로 만약 요부에 문제가 있을 때는 양쪽 다리를 동시에 스트레칭 하는 것은 피한다. 각 다리를 따로 스트레칭 하는 것이 등도 편하게 한다.

서혜부 스트레칭 : 발바닥을 모으고 발가락을 쥐고 서혜부에 적당한 스트레칭을 느낄 때까지 둔부에서부터 굽히면서 몸을 부드럽게 앞으로 당겨라. 등에 스트레칭을 느낄 수도 있다. 40초동안 지속하고 동작의 시작을 머리나 어깨로부터 하지 말고, 둔부로부터 움직인다.

스트레칭 자세가 안정감과 균형을 갖도록 팔꿈치를 다리의 바깥쪽으로 두도록 한다. 안정된 자세일 때 스트레칭은 더 쉽다.

앞으로 구부리는데 어려움이 있다면 아마도 뒷꿈치가 서혜부에 너무 가깝게 위치해 있기 때문이다.

변형 : 다리를 내려주고 또 안정시켜 주기 위하여 팔꿈치를 하퇴 안쪽위에 놓은채, 한 손으로 발을 잡는다. 이제 다른 손을 다리 위에 놓고 그 쪽 서혜부를 따로 스트레칭 시키기 위하여 아래쪽으로 부드럽게 누른다. 이 스트레칭은 무릎이 보다 자연스럽게 아래쪽으로 내려갈 수 있도록 하고 경직된 서혜부를 풀어 주길 원하는 사람들에게 좋은 분리된 스트레칭이다.

각 손으로 각각 반대로 넓적다리의 안쪽에 저항을 주면서, 서혜부의 근육이 수축될 정도로 무릎을 서로 모으려고 노력한다. 5~9초간 유지하고 나서 힘을 뺐다가 전 유형대로 서혜부를 스트레칭 한다. 긴장-이완-신장의 기법은 서혜부에 문제가 있었던 선수들에게 가치 있다.

경직된 서해부의 근육을 스트레칭 해주는 또 다른 방법은 벽이나 침대 의자 등에 기대어 앉아서 등을 곧게 하고 발바닥을 모은 채로 손을 사용하여 대퇴부의 안쪽을 부드럽게 누른다. 30초간 힘을 빼고 스트레칭 한다.

이 스트레칭은 안정감을 위해 등을 맞대고 앉아 파트너와 함께 할 수도 있다.

등과 다리의 안쪽을 스트레칭 시켜주는 좋은 편안한 자세는 책상 다리를 하고 앉은 자세로 편안한 스트레칭을 느낄 때까지 앞쪽으로 몸을 기울인다. 가능하면 팔꿈치를 앞에서 바깥쪽으로 빼고, 자세를 유지했다가 쉬어라. 이것은 요부에 좋은 느낌의 간단한 스트레칭이다.

척추 비틀기 : 이것은 흉부, 요부, 둔부의 측면과 흉곽을 위해 유용하며 또한 내장 기관에도 유익하고 허리선 유지에도 도움을 준다. 이것은 몸 전체를 돌리지 않고도 옆쪽으로 향하거나, 뒤쪽을 바라보는 능력을 증대시킬 것이다.

오른쪽 다리를 곧게 펴서 앉고 왼쪽 다리를 구부려서 왼발을 오른쪽 무릎의 바깥쪽에 가로질러 가져다 놓아라. 오른쪽 팔꿈치를 굽혀서 왼쪽 대퇴 상부의 바깥쪽, 즉 무릎 위에 둔다. 스트레칭 하는 동안 팔꿈치를 사용하여 고정시키고 안쪽으로 조절된 압력으로 다리를 고정시켜 유지한다.

왼손을 뒤쪽에 두고, 서서히 머리를 왼쪽 어깨 너머를 보기 위해 돌리고 동시에 상체를 왼손과 팔쪽으로 돌린다. 상체를 돌릴 때 둔부도 같은 방향으로 틀어 15초간 지속하며 양쪽에 모두 실시한다. 호흡을 멈추지 말고 편안하게 호흡한다.

변형 : 둔부의 측면에 편안한 스트레칭이 느껴질 때까지 무릎은 몸체를 가로 질러 반대쪽 어깨를 향하여 당겨 30초간 지속하고 양쪽에 모두 실시한다.

사람들은 처음에 스트레칭 하는 다리, 팔부분에 시간을 더 쓰는 경향이 있다. 그리고 더 편하고 유연한 부분을 먼저 하려고 한다. 이 자연스러운 경향 때문에 잘되는 쪽에 더 많은 시간을 잘 안되는 쪽에 더 적은 시간을 할애하게 된다. 몸의 유연성의 차이를 균일화시키기 위해서는 경직된 쪽을 먼저 스트레칭 하라. 이럼으로써 현저하게 유연해 질 것이다.

요 약

4. 상체부 스트레칭

등, 어깨, 팔의 스트레칭

현대의 삶에서 오는 정신적 스트레스 때문에 상체의 긴장감에 시달리고 있다. 근육질의 운동선수들을 보면 스트레칭을 해주지 않아 상체가 뻣뻣하다. 상체의 긴장을 감소시키고 유연성을 증가시키는 스트레칭은 많이 있으며 대부분 어디서나 할 수 있는 것이다.

몸과 다리를 구부리고 손을 앞으로 뻗어서 카펫트나 매트의 끝을 쥐어라. 잡을 수 없으면 손바닥으로 살며시 바닥을 누르면서 쭉 편 팔을 뒤로 당겨라.

이 스트레칭을 한 번에 한손 또는 동시에 양손 모두 실시할 수 있다. 한 손을 가지고 하는 겨우는 더 많은 조절이 필요하고 각각의 스트레칭을 분리시킨다. 어깨와 팔과 광배근, 몸의 측면, 흉부, 요부까지 신전 되는 것을 느껴야 한다. 조금씩 이리저리 둔부를 움직임으로써 스트레칭을 증가 또는 감소시킬 수 있다. 무리하지 말고 편안하게 15초 동안 유지해 준다.

전완과 손목의 스트레칭.: 네발기기 자세로 손가락들은 무릎 쪽을 향하고 엄지 손가락은 밖을 향하고 있어야 한다. 쉬운 스트레칭을 20초 유지한다. 쉬었다가 다시 스트레칭 한다.

사진처럼 팔을 머리위로 늘여서 손바닥을 모으고 팔을 위쪽으로 스트레칭 할 때 숨을 들이쉬고 5~8초 동안 스트레칭 하라.

이것은 팔, 어깨, 갈비뼈 등의 바깥부분의 근육들을 위한 훌륭한 스트레칭이다.

이것은 긴장을 완화시키고 편안함과 상쾌함을 얻기 위하여 언제 어디서나 할 수 있는 것이다.

어깨와 흉부 스트레칭하기 위하여 가볍게 팔꿈치를 가슴을 가로질러 반대쪽 어깨쪽으로 끌어당기고 10초간 스트레칭을 실시하라.

삼두근과 어깨의 상부를 위한 간단한 스트레칭이 있다. 두 팔을 머리 너머로 하고 한손으로 다른 팔의 팔꿈치를 잡고 스트레칭 하면서 부드럽게 팔을 머리 뒤쪽으로 당긴다. 서서히 15초간 실시한다. 유연하게 한다고 무리한 힘을 사용하지 않도록 하라.

한쪽이 다른 한쪽보다 훨씬 더 경직되어 있는 느낌이면 어깨와 팔을 이완시켜 줄 수 있는 좋은 방법이다. 걷는 동안에도 이 스트레칭을 할 수 있다.

무릎을 살짝(1인치) 구부리고 서 있는 자세로부터 둔부를 옆쪽으로 굽히면서 부드럽게 머리 뒤로 팔꿈치를 당긴다. 편안한 스트레칭을 10초 동안 양쪽을 모두 실시한다. 무릎을 약간 굽히는 것은 스트레칭 하는 동안 균형을 잡는데 도움이 될 것이다.

어깨 스트레칭의 다른 형태 : 왼손은 머리 뒤로 최대한 아래로 뻗어서 가능하다면 밑에서 올라오는 손바닥이 위로 향해진 오른손을 잡는다. 두 손이 서로 닿지 않으면 한쪽만 시도한다. 편안한 스트레치에 이를 때 까지 누군가가 두 손을 천천히 각각 당기게 하여 그 상태를 유지한다.

머리 뒤로 타올을 늘어뜨려 상방의 팔은 구부리고 다른 팔은 타올의 끝을 잡으려고 위로 뻗는다. 점차적으로 두 손이 닿을 때까지 상방의 팔을 아래로 당기면서 자신의 손이 타올을 타고 올라 가도록 한다.

매일 이 스트레칭을 조금씩 적당한 정도 한다면 얼마 후 도움 없이도 이 스트레칭을 할 수 있을 것이다. 이 동작은 긴장을 감소시키고 유연성을 증가시키며, 피곤할 땐 상체에 활력을 주기도 한다.

손가락을 어깨 높이의 앞에서 껴 맞춰라. 어깨와 흉부의 중앙, 팔, 손, 손가락, 손목에 스트레칭을 느끼기 위하여 팔을 앞쪽으로 늘일 때 손바닥을 바깥쪽으로 돌려라. 편안한 스트레칭을 15초유지, 반복한다.

머리 위쪽에서 손가락을 껴 맞춰라. 이제 손바닥을 위로 향한 채 팔을 서서히 후상방으로 밀어 올려라. 팔, 어깨, 흉부가 신장됨을 느낀다. 스트레칭을 15초 동안 지속하고 숨을 멈추지 않는다. 이 동작은 언제 어디서나 실시하기에 적합하며, 처진 어깨에 훌륭한 스트레칭이다.

목의 측면과 어깨 상부를 스트레칭 하기 위하여 왼손으로 오른팔을 등 뒤에서 가로질러 아래쪽으로 당기면서 머리를 왼쪽 어깨 쪽으로 기울여라. 편안한 스트레칭을 10초 지속하고 양쪽 모두 실시하라. 이 스트레칭은 바닥에 앉아서, 의자에 앉아서 또는

서 있으면서도 할 수 있다.

또 다른 스트레칭으로 벽 또는 문간을 등지고 서서 어깨 높이로 팔을 뒤로 뻗어 벽 또는 문간의 양쪽을 손으로 잡는다. 앞으로 기댈 때 팔이 곧게 펴 가슴을 올리고 턱을 당겨라.

다음 스트레칭들은 등 뒤에서 손가락을 끼워 맞춘채 실시된다.

처음에 하는 스트레칭으로써 팔을 곧장 뻗은 상태로 팔꿈치를 안쪽으로 틀어라.

그것이 어느 정도 편하면 팔과 어깨, 가슴에 스트레칭을 느낄 때까지 팔을 들어 올린다. 편안한 스트레칭을 5~15초 유지하고 어깨가 앞으로 처진 경우에 하면 좋다. 가슴은 올리고 턱은 당긴다.

가슴과 어깨를 더욱 더 스트레칭 하기 위하여 앞으로 기울이지 말고 등과 팔을 곧게 유지 하면서 두 팔을 뒤에서 위로 한다. 손을 무엇이든 지지물에 올려놓고 그 물체로부터 몇 발자국 떨어져서 팔을 곧게 펴면 스트레칭이 증가된다. 이 동작은 둥근 어깨에 좋고 에너지의 감각을 즉각적으로 준다.

요　약

KOREA

5. 입식(立式) 스트레칭

선자세의 다리, 둔부 스트레칭

이 스트레칭들은 걷는 것과 뛰는 것을 도와 줄 것이며 다리에 에너지와 유연성을 줄 것이다. 이 스트레칭들은 서서 할 수 있는 것들이다.

종아리를 스트레칭하기 위하여 단단한 지지물에서 조금 떨어져 서서 전완으로 지지해 기대고 머리를 손 위에 놓고 한다리를 굽혀서 앞쪽 벽을 잡아라. 요부를 평평히 하면서 둔부를 앞쪽으로 서서히 움직인다. 스트레칭 할 때 발가락은 곧장 앞으로 또는 조금 안쪽으로 향하게 하고 발꿈치는 반드시 바닥에 닿도록 한다. 편안한 스트레칭을 30초 동안 유지하고 다른 쪽 다리도 함께 실시한다.

종아리와 아킬레스건을 스트레칭 하기 위하여 서서히 무릎을 굽힐 때 둔부를 아래쪽으로 낮춘다. 스트레칭 하는 동안 뒷발의 발가락은 곧장 앞을 향하든지 조금 아래쪽을 향해 있어야 하고 발꿈치는 들지 않도록 한다. 이 동작은 발목의 유연성을 위해 좋다. 25초 동안 스트레칭을 유지한다.

둔부의 바깥쪽을 스트레칭 해주려면 종아리의 스트레칭과 같이 똑같은 자세로 시작하면 된다. 오른쪽 둔부를 서서히 안쪽으로 돌림으로써 둔부의 오른쪽 부분을 스트레칭한다. 어깨를 아주 조금씩 반대쪽으로 기울이면서, 둔부의 측면을 옆쪽으로 움직여 차분하게 25초 유지하고 양쪽 모두에 실시한다. 뒤에 있는 다리의 발은 앞을 향해야 하고 발꿈치는 땅에서 떨어져 있으면 안된다.

아킬레스건과 발목은 여러 가지 방법으로 스트레칭 할 수 있다. 만약 이 부분을 더욱 스트레칭하고 싶다면 돌과 계단을 이용할 수도 있다.

발의 돌기를 돌이나 계단 가장 자리에 놓고 나머지 부분은 가장자리 너머로 걸쳐놓고 발꿈치를 돌이나 계단의 수평면 아래쪽으로 내려라. 서서히 균형을 유지하면서 실시한다. 스트레칭 되고 있는 아킬레스건과 발목 쪽의 다리는 뻗은 상태를 유지해야 한다. 편안한 스트레칭의 한도 내에서 20초간 실시하며, 아킬레스건 윗부분의 스트레칭 느낌에 변화를 주기 위하여 무릎을 약간 굽혀서 실시하도록 한다. 이 동작은 심한 활동 후 또는 종아리와 아킬레스건이 극도로 경직 되었을 때 시행하면 좋다. 이것은 어디서나 할 수 있고 하퇴에 다른 양상의 움직임을 부여할 수 있다.

잡고 무릎을 가슴쪽으로 당겨라. 이때 허리나 둔부 부분에서 앞쪽으로 기울지 않도록 한다. 이것은 슬괵근 상부와 엉덩이 둔부를 스트레칭 해 준다.

땅위에 있는 발은 앞을 향해 있어야 하고 무릎은 약 1인치 굽혀 있어야 한다. 편안한 스트레칭을 30초간 유지하고, 양쪽 다리 모두 실시한다.

발의 돌기를 벽, 담장, 탁자의 튼튼한 지지물 위에 올려 놓고 아래에 위치한 다리는 곧장 앞을 향하게 하고 둔부를 앞쪽으로 움직일 때 위에 위치한 다리의 무릎을 굽혀라. 이것은 서혜부와 슬괵근 그리고 둔부를 스트레칭 해 준다. 30초 동안 유지하고 양쪽 모두 실시한다. 동작은 무릎 들어올리는 것을 더 쉽게 해 줄 것이다.

변형: 바닥 위에 발을 곧장 앞으로 향하게 두는 대신 옆으로 틀은채 위와 같이 스트레칭 한다. 이것은 위쪽에 위치한 다리의 안쪽을 스트레칭 해준다. 25초간 유지한다.

뒤로 발을 뻗어 뒤에 있는 편한 높이의 테이블 위에 놓고 대퇴 사두근과 둔부(장골근과 대요근)가 스트레칭 되게 둔부 앞쪽에서부터 다리를(앞쪽으로 나가면서) 끌어당기도록 하는데 유의한다. 무릎 아래를 약간 구부리게(1인치)하고 상체는 수직으로 세워라. 땅 위의 발은 곧장 앞을 향해 있어야 한다.

대퇴 사두근과 무릎을 스트레칭 하기 위하여, 왼손으로 오른발 위를 잡고 엉덩이 쪽으로 부드럽게 당겨주어라. 반대쪽 손으로 발을 잡으면 무릎은 자연스러운 각도로 구부러진다. 이것은 무릎의 복원력과 문제가 있는 무릎에 좋다. 30초동안 유지하고 각 다리에 실시하여라. 이 스트레칭의 변형으로서 엎드려 누워하는 것이 있다. 손을 뒤로 뻗어서 반대쪽 발의 발목과 발가락 사이를 잡고 작고 부드럽게 뒷꿈치를 엉덩이 쪽으로 당겨 8~25초동안 유지한다.

발꿈치 뒤쪽을 허리 높이나 편안할 정도의 높이의 나무나 담장, 테이블, 큰 바위 위에 올려놓고 올려진 다리를 곧장 뻗은 상태로 유지한다. 너무 높은 것을 이용하지 않도록 한다. 트랙에 있다면 허들도, 그것은 대개 적당한 높이므로 좋을 것이다. 땅에 놓인 다리는 무릎에서 약간(1인치) 굽혀져 있어야 하고, 발은 달릴 때나 걸을 때처럼 적당히 앞쪽으로 향해 있어야 한다.

이제 앞쪽을 보면서, 올려진 다리 뒷부분에 적당한 스트레칭의 느낌이 생길 때까지, 허리로부터 서서히 앞쪽으로 굽혀라. 자세를 취하고 힘을 빼 편안한 스트레칭을 찾아서 더 늘려라. 이것은 다리기와 걷기에 좋다.

변형 : 쉽게 발가락에 닿을 수 없다면 다리의 더 많은 부분을 편안한 높이의 테이블이나 다른 종류의 단위에 올려 놓아라. 그리고 슬괴근에 옳은 신장감이 오도록 균형과 지지를 위해서 테이블이나 선반의 모서리를 잡을 수도 있다.

올린 다리의 안쪽을 스트레칭 하기 위하여 바닥에 있는 발을 지지물에 평행하도록 틀어라. 상체를 아래에 있는 발과 같은 방향이 되게 바라보고 왼쪽 둔부를 조금씩 안쪽으로 틀어라. 왼쪽 어깨를 왼쪽 무릎으로 굽히면서 서서히 옆쪽으로 기울여라. 이것은 위에 위치한 다리의 안쪽을 스트레칭 시켜 줄 것이다. 편안한 스트레칭을 15초간, 진전된 스트레칭을 20초간 유지한다. 아래에 위치한 다리의 무릎을 약간 굽혀지도록 유지하며 양쪽 모두에 실시하도록 한다.

변형 : 스트레칭을 변화시키기 위하여 왼손을 사용하여 오른손과 팔을 머리 위쪽으로 해서 당겨주어라. 이것은 상체의 측면과 올린 다리의 안쪽에 유용하다. 편안한 스트레칭을 15초간 유지하고 양쪽 모두에 실시하여라.

스트레칭을 변화시키기 위하여, 바닥에 있는 발쪽으로 허리 부분에서 구부려라. 올려져 있는 다리는 쭉 펴진 채로, 그러나 굽힘에 따라 안쪽으로 틀어질 것이다. 이 자세를 유지하고 받쳐주는 다리의 슬괴근을 스트레칭 한다. 그 다리의 무릎은 스트레칭 하는 동안 약 1인치 정도 굽혀져 있어야 한다. 편안한 스트레칭을 20초간 유지한다.

올려진 다리의 서혜부를 스트레칭하고 싶다면 받치고 있는 다리의 무릎을 구부리고 올려진 다리를 곧게 편 상태로 유지하고 가능하다면, 균형을 위해 두 손은 바닥을 짚어라. 편안한 스트레칭을 20초간 유지하여라.

일생을 통하여 좋은 유연성을 유지하는 것은 중요하다. 그러므로써 우리가 나이를 들어갈 때에 뻣뻣한 관절이나 경직된 근육, 나쁜 자세 등으로 야기되는 문제점들을 피할 수 있는 것이다. 나이가 들 때의 가장 현저한 특징은 동작의 범위가 축소된다는 것인데, 스트레칭은 신체를 유연하게 유지할 수 있게끔 해주는 가장 중요한 동작이다.

6. 좌식(坐式) 스트레칭

고관절 및 서혜부 스트레칭

다리를 벌려서 서혜부와 둔부를 스트레칭 하기

다음의 스트레칭들은 측면동작을 더 쉽게 해주고 유연성을 유지하도록 도와주며 부상을 방지해 준다. 주로 몸의 가운데 쪽으로 이 스트레칭들을 익혀 익숙해지도록 한다.

발을 편안할 정도로 떨어지게 하고 앉아 대퇴의 안쪽과 둔부를 스트레칭 하기 위하여 둔부에서부터 서서히 앞으로 기울여라. 반드시 대퇴부는 힘을 빼고 발은 곧게 세워 35초 동안 유지한다. 균형과 안정감을 위해서 두 손은 앞쪽에 놓는다.

머리와 어깨를 앞쪽으로 기울여라. 이것은 둔부를 뒤쪽으로 움직이게 하고 요부에 압박이 생기게 할 것이다. 만약 앞으로 기울일 때 요부가 둥글게 되면 이것은 둔부와 요부, 슬괴근, 서혜부가 경직되어 있기 때문이다. 정확하게 둔부로부터 구부리기 위해서는 등을 곧게 유지 시켜야 한다.

둔부와 요부를 곧게 세운 자세에서 점차적으로 적용시키는 좋은 방법으로써, 요부를 벽에 편평하게 대고 앉는 자세로 편안한 스트레칭을 30초간 유지한다.

다른 한 가지 방법은 두 손을 몸 뒤에 두고 앉는 것이다. 팔을 이용해 지지해줌으로써 둔부를 앞쪽으로 서서히 움직이는 것에 집중할 때 척추가 늘어나게 도와주는 것이다. 20초 동안 유지한다.

이 동작을 하면서 편안함을 느낄 때까지 앞쪽으로 구부려라. 스트레칭을 더 심화시키기 전에 몸이 이 자세에 익숙해지도록 한다.

변형 : 슬괴근, 등의 오른쪽을 스트레칭 하기 위하여 둔부로부터 왼쪽 다리의 발쪽을 향해몸을 앞쪽으로 기울여라. 턱은 당기고 등은 곧게 펴 최소한 30~40초동안 적당한 스트레칭을 유지하고 필요하다면 수건을 이용한다.

또 다른 변형은 균형을 위해 오른손을 오른쪽 바깥쪽에 놓고 왼손으로 몸을 가로 질러 오른 다리쪽으로 뻗는 것이다. 이것은 어깨를 높일수록, 둔부를 낮출수록 슬괴근과 등에 스트레칭을 증가시켜 줄 것이다.

진전된 스트레칭 : 손을 머리 위로 넘겨서 반대쪽 발을 잡아라. 다른쪽 팔은 앞쪽 몸 가까이에 놓아라. 30초 동안 유지하고 양쪽 모두 실시하되 과도하게 하지 않는다.

다양한 각도로 신장력을 얻는 법을 배워라. 앞쪽으로, 왼쪽으로, 오른쪽으로 스트레칭 한다. 그리고 중심의 좌측, 우측의 각도로 스트레칭 하는 법을 익힌다. 위의 방법과 같은 방법을 다리, 상체의 배열에 이용하여 30초 동안 유지하되 완벽하게 스스로를 조절하면서 한다.

서혜부에 관한 또 하나의 스트레칭 : 발바닥을 모은 채로 앞으로 기울여서 앞쪽바닥 근처에 있는 무엇인가를 잡는다. 이것을 편안하게 스트레칭을 유지하고 증가시키기 위해 몸을 앞쪽으로 당기는데 사용한다. 과도하게 하지 말고 20~30초 동안 유지하면서 힘을 뺀다. 이것은 서혜부에 대한 좀더 진보된 스트레칭이다. 체조용 매트의 모서리 잡는 것은 다리를 안정시켜주고 다리를 벌리고 앉아 있을 때의 스트레칭을 유지하는 것을 더 쉽게 해준다.

매트의 코너에 앉아 있으면서 다리와 발을 매트의 가장자리 바깥쪽을 따라서 놓아라. 약간의 스트레칭을 취하는 동안 힘을 빼기 쉬운 자세를 취하고 40초 동안 유지한다. 이때 균형과 지지를 위해 두 손을 뒤 쪽에 놓는다.

스트레칭을 증가시키기 위하여 다리가 매트의 가장 자리를 따라 미끄러지게 하면서 엉덩이와 둔부를 앞쪽으로 움직인다. 발가락과 발을 세운채로 유지하고 다리가 안이나 바깥쪽으로 돌아가지 않도록 유의한다. 서혜부와 둔부를 유연하게 풀어주기 위한 좋은 스트레칭이다.

한쪽 다리를 스트레칭시켜 주기 위하여 매트의 한쪽 모서리 위에 편안한 자세로 앉아 한쪽 발쪽으로 몸을 돌려 마주하고 그 방향으로 둔부로부터 앞쪽으로 구부려라. 두손을 아래쪽으로 뻗어서 편안한 스트레칭이 느껴질 수 있도록 다리 위의 어느 지점에 놓아라. 턱이 무릎쪽 또는 그 바깥 쪽으로 가게 노력하고 힘을 뺀다. 경직되어 있는 다리를 먼저 실시하고 필요하다면 도움을 받기 위하여 발바닥에 수건을 감아서 사용한다. 편안한 스트레칭을 30초 동안 유지하되 반동은 주지 말아라. 이것은 슬괴근과 요부를 위해 좋다.

앞쪽으로 다리 벌리기 : 다리 뒷부분과 서혜부에 조절된 스트레칭을 느낄 때까지 앞발을 서서히 앞쪽으로 움직인다. 둔부가 곧장 아래로 내려가도록 유의하며 30초 동안 유지한다.

앞발을 조금 더 앞쪽으로 움직여서 진전된 스트레칭으로 30초 동안 유지하여라. 균형과 안정감을 위해 손을 이용하여 앞발을 앞쪽으로 더 멀리 옮긴다.

위의 동작에 의해 더 유연해지면 둔부를 아래쪽으로 내리면서 계속해서 앞발을 앞쪽으로 움직인다. 등을 수직으로 세워서 어깨와 둔부가 일직선이 되도록 하여 30초 동안 유지한다. 다리 벌리기를 배운다는 것은 시간과 규칙성을 요한다. 절대 과도한 스트레칭은 하지 말고 신체가 편안하게 다리 벌리기를 하는데 필요한 변화들에 점진적으로 적응하도록 한다. 부상을 감수하면서까지 과격하게 하지 말아라.

옆으로 다리 벌리기 : 발을 곧장 앞쪽으로 향한 채 서있는 자세에서 대퇴의 안쪽에 스트레칭을 느낄 때까지 점점 다리를 벌려라. 둔부가 곧장 아래로 내려가도록 유의한다. 균형을 위해 손을 사용하고 편안한 스트레칭을 최소한 30초 동안 유지한다.

유연해지면 계속해서 발을 벌려 발꿈치를 바닥에 대고 발을 세운다. 이것은 대퇴의 안쪽에 신장감을 줄 것이고 무릎의 인대에 극도의 압박이 생기게 한다. 30초 동안 자세를 유지하고 몸이 적응됨에 따라 둔부를 조금 더 내림으로써 스트레칭을 증가시킨다. 과도하게 스트레칭 하지 않도록 주의한다.

제2장

매트운동

제2장

매트운동

1. 매트운동의 개념

매트운동 뿐만 아니라 어떠한 체조 동작을 시작하기 전에는 항상 준비운동을 하여야 한다. 어려운 기술이나 자세를 시도하기 전에는 특히 관절이나 근육을 충분히 펴주고 부드럽게 해 주어야 한다.(특히 발목 뒤의 아킬레스건)

매트운동은 근본적으로 구르기 기술에 의해 구성되며, 구르기를 잘 하지 못하는 사람은 아름다운 기술을 연출하기 힘들다. 매트운동에서는 그렇게 많은 기술들이 필요한 것은 아니다. 어떤 어려운 기술일지라도 몇 개의 기본 기술들로 구성되어 있다.

다음에 제시하는 기초적인 연습을 반복한다면 매트운동에 대가도 될 수 있을 것이다. 그러나 매트운동은 단지 구르기 하나만으로 구성되는 것은 아니다. 물구나무서기, 균형잡기, 그리고 유연하고 부드러움을 과시할 수 있는 기술도 행할 수 있어야 한다.

매일의 연습에 물구나무서기와 균형잡기를 포함시켜 규칙적으로 행하여야 한다. 짧은 기간 동안에 익힐 수는 없으므로 종합 프로그램의 일부로서 매일 매일 연습 할 수 있도록 해야 한다.

수많은 체조 선수들이 아킬레스건을 다쳤다. 이러한 사고의 90%는 구르기를 하는 도중에 발생했으며, 이들의 많은 수가 뒷 공중 돌기의 부정확함에서 기인하였는데, 이는 뒷 공중 돌기를 할 때에 발구름을 너무 빨리 한 때문이었다. 그러므로 세심한 주의를 기울여 발구름을 연습해야만 한다.

도움 짚기는 힘을 앞쪽에서 뒤쪽 변환시켜 주는 데 필요한 기술이며 또 다른 상해의 빈발 요인 중의 하나가 되기도 한다.

마지막으로 동적 힘에 대해 언급하고자 한다. 매트에서의 일련의 동작은 어떤 다른 체조 종목보다도 길고 고통스러운 것이다. 만약, 아무렇게나 성의 없이 연습을 하다보면 매트운동의 연기에 필요한 동적 힘을 얻지 못하게 될 것이다.

연습이나 훈련 중에는 개별적인 기술이나 부분을 따로 떼어서 하나 하나 행하려하지 말고, 실제 시합에서 연기를 하는 것과 같이 전체의 과정을 연결하여 행할 수 있도록 한다.

각각의 기술을 완전하게 행하려면 바녹 연습을 통하여 동적인 힘(스테미너)를 양성하는데 도움이 되게 한다.

2. 기초연습

매트운동을 할 때에 필요한 동작들을 익히기 위한 기초연습은 기본동작, 유연성, 도약, 버티기 자세, 그리고 구르기 등의 5개 분야로 나누어진다.

이러한 5개의 분야들은 난이도에 있어서는 거의 비슷하다. 따라서 이들을 매일의 정규 연습과정에 넣어 훈련하도록 한다.

1) 기본동작 연습

(1) 팔을 앞으로 쭉 뻗어 옆으로 벌리고 머리 위로 올린 다음 엉덩이쪽으로 해서 뒤로 내린다. 팔은 언제나 곧게 편다. 어깨의 힘을 빼고 여러 가지 자세에서 이

동작이 유연하고 연속적으로 행해질 수가 있고 다른 자세를 바꾸기 전 몇 초 동안 이 동작을 강하게 날카롭게 행할 수도 있다.

(2) 팔을 곧게 펴 머리 위로 올렸다가 옆으로 내린 다음 다시 앞으로 뻗어 아래로 내린다. 1에서 언급한 대로 유연한 방법과 딱딱한 방법을 섞어 행한다.

(3) 앞으로 한쪽 다리를 들어 올렸다가 옆으로 가져간 다음 다시 뒤로 들어 올리되 각 동작을 몇 초씩 유지한다. 발끝을 세우며 다리를 바꿔서도 실시한다.

(4) 두 팔을 반대방향으로 엇갈리게 하여 머리 위로 몇 차례 휘돌린다. 이때 무릎을 약간 굽힌다.

(5) (4)와 같은 팔 동작을 하되 팔이 머리 위에서 교차하기 전에 뜀을 뛴다.

(6) (5)를 되풀이하되 몸이 공중에 떠 있을 때는 두 발로 서로 친다.

(7) (6)을 반복하되, 착지 전에 발을 두 번 친다. 이때 팔은 휘돌리기를 계속한다.

(8) 선 자세에서 옆으로 한 발을 벌리고 한쪽 무릎은 굽히되, 다른 쪽 발은 곧게 편 상태로 둔다. 팔은 양옆으로 뻗고 매트와 평행이 되게 하여 몇 초 동안 이 자세를 유지한 다음 내민 발을 끌어들여 선 자세를 취했다가 다시 다른 쪽 발을 내민다.

(9) (8)과 같이 다리를 내어 딛고 몸을 곧게 편 채로 몸 전체를 옆으로 기울이고 팔은 머리 위로 곧게 펴 준다.

(10) (9)와 같은 동작을 앞쪽으로 행한다. 몸을 곧게 하고 흔들거리지 않도록 유의한다.

2) 유연성 연습(Flexibility practice)

유연성 연습은 리듬감 있게 행해져야 한다. 음악 등의 도움을 받지 말고 자연적인 리듬을 스스로 체득할 수 있도록 한다. 이러한 연습의 목적은 각 운동의 최종자세를 유지할 수 있도록 하는 것이다.(예를 들면, 무릎을 편 채 다리를 앞뒤나 좌우로 벌리고 엉덩이가 바닥에 닿게 하는 자세를 유지하는 것)

3) 도약연습 (Jumping practice)

(1) 뛰어 도움닫기를 하거나 홉을 하여 시작한다. 홉을 할 때에는 엉덩이 부분을 굽히지 말고 연속하여 여러 차례 실시한다.

(2) 달려 도움닫기를 하여 시작한다. 낮게 점프를 하고 이어서 높은 홉을 한다. 엉덩이 부분이 굽혀지지 않도록 한다.

(3) (2)를 반복하되, 홉을 할 때에 공중에서 360°틀기를 한다.

(4) (2)와 같이 시작하되 홉을 하여 몸이 공중에 있을 때 두 손이 두 발목에 닿을 때 까지 엉덩이를 축으로 상체를 굽혀 준 다음 착지한다.

(5) (2)와 같이 시작하여 홉을 할 때 공중에서 두 발을 앞뒤로 벌리고 두 손을 앞뒤로 발과 어긋나게 벌린 다음 두 발 모아 착지한다.

4) 버티기 연습(Support practice)

(1) 한쪽 다리를 굽히고 나머지 다리로 원을 그리며 다리빼기를 한다. 두 다리를 바꿔서도 행한다.

(2) 앞 버티기 자세에서 다리를 앞쪽으로 차 내어 뒤 버티기 자세가 되게 한다. 다리를 펴거나 굽힌 채 두 팔 사이로 가져갈 수도 있고 양옆으로 가져갈 수도 있다. 다리를 편 자세로 행할 때에는 엉덩이를 바짝 끌어 당겨 발이 매트에 끌리지 않도록 주의하여야 한다.

(3) 앞 버티기 자세에서 두 손으로 매트를 힘껏 밀어내며 손뼉을 친다. 몸이 공중에 높이 뜨게 하기 위해서는 강하게 매트를 밀어야 하고 매트에 두 손이 떨어지기 전에 손뼉을 몇 차례 칠 수 있도록 연습한다.

(4) 선 자세에서 앞으로 넘어져 앞 버티기 자세를 취한다. 착지 때의 충격을 줄이기 위해서는 팔굽을 굽히거나 엉덩이를 약간 굽혀 뒤로 활처럼 휘게 한다. 손이 매트에 닿는 순간 밀어 내며 몸을 측면으로 360° 회전하여 다시 앞 버티기 자세로 들어간다.

(5) 다른 사람에게 두 발을 잡게 하고 손으로 걷기를 한다. 매트를 밀어내고 밀어지기 전에 손뼉을 친다. 허리를 굽히고 엉덩이를 들어 올려 몸이 위로 뜨게 한다.

(6) L자 버티기, 다리 벌려 버티기와 V자 버티기를 익힌다. 각 자세를 5초 동안 정확하게 유지할 수 있도록 한다.

(7) 앞 버티기 자세에서 매트를 밀어내며 앞으로 나아간다. 두 손으로 손뼉을 침과 동시에 두 발을 서로 치며 앞으로 나아간다. 이런 방법으로 10m쯤 쉽게 전진할 수 있을 때까지 연습하고 옆 또는 뒤로도 행할 수 있게 한다.

(8) 선 자세에서 앞으로 넘어지면서 두 손으로 균형을 취함과 동시에 다리를 공중으로 뻗어 찬다. 팔로 몸을 지탱할 때에는 몸을 뒤로 휘게 한다. 이 동작을 제자리에서 행하고 나면 앞으로 전진 하면서 연습한다.

(9) 짧은 도움닫기 후에 물구나무서기를 한다. 몸이 수직이 되었을 때 두 손으로 홉을 하며 전진한다. 이어서 앞구르기를 할 수도 있다.

(10) 다리를 붙이거나 벌려서 벽에 기대어 물구나무서기를 행한다.

3. 구르기 동작

1) 앞구르기

(1) 연속으로 앞구르기를 연습한다. 다리와 몸이 이루는 각도가 너무 적게 하지 말고 넓게 유지하려고 노력한다.

2) 뒤구르기

(1) 연속으로 뒷 구르기를 한다. 매트를 밀면서 부드럽게 뒤로 구른다.
(2) 다리를 곧게 편 채 뒷 구르기를 한다. 다음 앞구르기를 한다. 너무 빨리 구르기 동작으로 들어가지 말고 몸을 잘 조절하여 서서히 구르기 동작으로 나아간다.

3) 다리 벌려 구르기

다리가 상체 위로 올라오는 순간 몸을 위로 쭉 펴 준다. 가슴과 배 부분이 바닥을 향하게 하여 몸을 버틴 다음 무릎으로 살짝 착지하며 팔을 밀어 상체를 세운다.

4) 다리 펴 뒤구르기

뒤굴러 물구나무서 내리기를 위한 보조동작으로 무릎을 펴 손을 짚으며 뒤로 구른다.

5) 무릎펴 앞구르기(The Forward Roll with Stretched Legs)

(1) 양 발을 들어 올려 쭉 펴고 앞으로 구른다. 몸을 지탱하기 위해 팔꿈치는 약간 굽히고 머리는 복부쪽으로 구부린다.

(2) 머리의 뒷부분이 매트에 닿고 몸은 목 근육에 의해 지탱한다. 다리는 여전히 뒤쪽으로 뻗어 있다.

(3) 몸이 곧게 펴져 있기 때문에 다리의 떨어지는 속도가 증대된다.

(4) 다리는 힘차게 떨어지고 손은 다음 동작을 준비하기 위하여 매트를 떠나며 앉은 자세를 위해 복근은 준비를 한다

(5) 아래쪽으로 떨어지는 다리의 속도는 줄어 들고 상체는 전방으로 일어나기 시작한다. 다리가 닿으면서 상체는 앞쪽으로 강하게 굽혀진다. 이때 다리가 매트에 쾅하고 떨어져서는 안된다.

(6) 상체는 완전히 앞쪽으로 굽혀지고 두 손으로 매트를 강하게 밀어준다. 상체를 앞쪽으로 충분히 구부릴 만한 유연성이 없으면 (5)에서 생기는 추진력을 이용할 수가 없게 된다. 바로 선 자세를 취하기 전까지 다리는 여전히 곧게 펴져 있어야 한다.

6) 날아 앞구르기

(1) 이 기술에서 필요한 강한 발구름을 위하여 팔을 들어 올린다. 사진에서 발이 매트를 떠난다. 효과적인 도약이 되게 하기 위해 다리를 완전히 펴고 등을 약간 둥글게 한다.

(2) 앞위로 뛰어 오른다. 이때 엉덩이가 활처럼 휘어서는 안된다. 이 기술의 가장 멋진 모습을 보여주고 있다. 엉덩이의 강한 활 형태는 몸이 앞으로 회전하는 것을 도와준다. 머리를 반듯하게 세우되 매트를 내려다보면 안된다.

4. 서기 동작

1) 물구나무서기(The Handstand)

물구나무서기는 매트운동에서 뿐만 아니라 대부분의 다른 기계체조 종목에서도 이용되는 아주 중요한 기초 기술이다.

체조에 대한 이상적인 개념이 변하듯이 물구나무서기의 정확한 동작에 대한 평가도 해를 거듭함에 따라 변해왔다. 그럼에도 불구하고 시간은 좀 거리더라도 여기에서 제시하는 정확한 물구나무서기 자세를 습득할 수 있도록 해야 한다.

초보자들은 물구나무서기를 할 수 있게 되면 형이나 자세에 관계없이 상당히 흥분하는 경향이 있다.

초기에 잘못된 자세를 고치지 않으면 물구나무서기의 발전은 물론 다른 관련 동작과 균형 등을 취하는 데 있어서 상당한 어려움을 겪게 될 것이다. 잘못된 자세를 고치는 데는 그 기술을 처음 정확하게 배우는 데 걸리는 시간보다 더 많은 시간을 필요로 한다. 처음부터 올바른 자세와 방법을 배워야 하며, 대강보다는 완벽을 추구해야한다. 훌륭한 물구나무서기는 검지가 전방을 곧바로 향하고 손가락이 약간씩 벌어지며 두 손의 간격은 어깨 쪽보다 약간 넓게 위치한다. 머리는 가볍게 뒤로 젖히고 시선은 두 손 사이의 한 점에 고정시킨다. 어깨는 가능한 쭉 펴야 하고 등은 약간 굽게 하며, 엉덩이 근육은 긴장시켜 몸이 약간 휜 활모양이 되게 한다. 사진을 정확하게 관찰하여 정확한 자세를 구별할 수 있도록 해야 한다.

연습요령

(가) 벽에 기대어 물구나무서기를 연습한다. 두 손을 벽에서 약 10cm 정도 메고 한 발 또는 두 발로 차 올려 물구나무서기를 한다. 팔을 완전히 펴서 뒤통수가 벽에 닿게 하면 정확한 위치에 시선을 둘 수 있게 된다.

(나) 기대지 말고 물구나무서기를 해 본다. 벽에서 머리와 다리를 떼고 스스로 균형을 유지할 수 있도록 한다. 손가락, 손목, 그리고 팔꿈치는 얼마 지나지 않아

협응작용에 익숙해지게 될 것이다. 연습용 블록을 이용하여 물구나무서기를 연습한다. 높은 연습용 블록을 이용하여 시작하되 한 발로 차 오른다. 한쪽 다리는 블록 위에 두고 물구나무 선 자세에 있는 다른쪽 다리는 보조자가 잡아 준다.

점차 연습용 블록의 높이를 낮추어 다리의 힘으로 더 놓이 차 오르게 한다. 팔과 다리는 곧게 펴서 매트와 수직이 되게 한다. 다음에는 연습용 블록에서 두 발로 동시에 차 오른다. 다리를 벌린 상태에서 시작하여 물구나무 서기를 하는 것.

팔과 상체는 가능한 곧게 펴 매트와 완전한 수직이 되도록 한다. 양 발로 차 올릴 때 어깨가 앞쪽으로 벗어나게 되는 경향이 있는데, 처음 배울 때부터 보조자가 정확한 위치에 어깨가 위치하도록 도와주는 것이 바람직하다. 연습용 블록의 높이가 낮아질수록 물구나무서기를 위해서는 더 강한 차 오르기가 필요하게 된다.

변형

(가) 한 발로 차 물구나무서기를 한다. 엉덩이를 재빨리 머리 위로 올려 안정성을 갖게 한 다음 다리를 올린다.

(나) 허리를 굽히고 팔을 뻗은 상태에서 그대로 힘으로 밀어 올려 물구나무서기를 한다. 물구나무서기를 하기 위하여 발로 차 올릴 수 없고. 단지 어깨와 팔의 근육만을 이용해야만 한다. 이러한 물구나무서기를 통상 스위스 물구나무서기라 한다. 바닥에 얼굴을 대고 팔로 상체를 들어 올린다. 그리고 팔을 굽혀 가슴이 다시 매트 쪽으로 기울게 하면 이때의 반도에 의하여 다리가 위로 올라가게 된다. 이때 힘을 주어 물구나무서기를 한다. 다음에는 앞뒤의 기울기를 이용하지 않고 그냥 힘으로 밀어 올린다. 단지 팔의 힘만을 이용하여 매트로부터 몸을 밀어 올려 물구나무서기를 한다.

(다) 한 손 물구나무서기를 시도한다. 다리를 벌리면 보다 쉽게 균형을 잡을 수가 있다. 어깨를 한 지점에 고정하고 몸을 움직여 몸의 중심을 잡아야 한다.

2) 뒤로 굴러 물구나무서기(The Backwards Roll to Handstand)

(1) 무릎을 곧게 펴고 엉덩이를 낮춘다. 손을 매트에 닿게 하기 위해 팔을 뒤로 빼는 순간 상체는 앞으로 굽힌다.

(2) 다음 동작의 충격을 줄이기 위하여 손을 매트에 빨리 놓는다. 엉덩이가 매트에 닿자 마자 상체는 뒤로 넘어가기 시작한다. 초보자들은 무릎을 굽히는 경향이 있는데, 항시 무릎을 곧게 펴도록 주의한다.

(3) 팔과 엉덩이가 완전히 펴져야 한다. 팔로 매트를 밀어내는 것과 동시에 엉덩이를 쭉 펴 준다. 머리가 너무 빨리 뒤로 젖혀지지 않도록 주의 한다. 팔과 몸이 완전히 펴 진 상태에서도 머리가 뒤로 젖혀지지 않았음을 알 수 있다. 마지막으로 물구나무서기를 완전하게 하고 다리를 당겨 내린다.

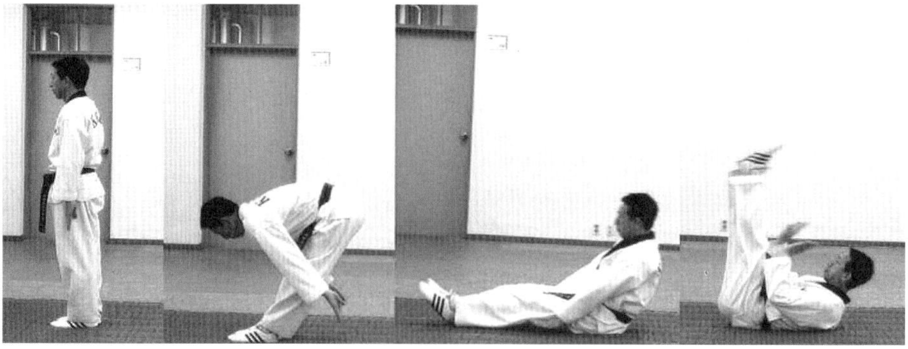

5. 돌기 동작

1) 목 튀겨 돌기(The neck kip)

(1) 물구나무서기 자세에서 팔꿈치를 굽혀 뒷통수가 매트에 닿게 한다. 다리를 너무 빨리 내리지 말고, 재빨리 몸을 거의 반으로 접는 동작을 취한다. 몸을 거의 접은 자세가 되어 무릎이 얼굴 위가지 오게 한다.

(2) 다리를 밖으로 크게 참과 동시에 몸을 뻗으면서 손으로 매트를 강하게 밀어 낸다. 이때 순간적으로 부드러운 힘을 가하여 몸이 활처럼 뒤로 휘게 하는 것이 목 차 오르기의 비결이다. 이 동작이 제대로 이루어지지 않으면 마지막에 똑바

로 설 수가 없게 된다.

(3) 순간적으로 몸이 공중에 뜨게 된다. 가능한 몸이 심한 활모양을 이루게 하고 머리는 뒤로 젖혀지게 한다. 이러한 활모양은 마지막에 무릎이 굽혀지지 안 혹 똑바로 설 수 있게 해 준다. 어떤 사람들은 이 기술을 행할 때에 머리가 앞으로 숙여지는 것이 자연스럽다고 생각하고 있는데, 이는 잘못된 생각이다.

※ 뜀틀이나 연습용 블록을 이용하여 몸을 접은 자세에서 다리를 차 올리는 연습을 한다. 이때 몸이 활처럼 뒤로 휘게 한다. 이 동작이 익숙해지면 뜀틀이나 연습용 블록의 높이를 낮추어간다.

2) 머리 튀겨 돌기(The Head Kip, Headspring)

(1) 무릎을 굽힌 자세에서 매트에 두 손을 놓고 다리를 들어 올린다. 머리와 다리의 위치도 중요하지만 매트에는 단지 이마만 닿아야 한다. 나중에 필요한 힘을 얻기 위해서 다리를 너무 높게 올리지 말아야 한다.

(2) 부드러운 순간 동작으로 엉덩이의 각을 크게 하여 활모양으로 뒤로 하게 한다. 이때 손으로 매트를 강하게 밀어주고 머리는 뒤로 젖혀진 채 있어야 한다.

(3) 목 차 오르기를 할 때 더 오랫동안 공중에 떠 있게 하되, 머리는 뒤로 충분히 젖혀져 앞쪽을 볼 수 없게 한다. 착지할 때 다리를 완전히 펴고 무릎도 붙여 준다. 똑바로 서기 위해서는 복근을 이용하여 상체를 세워준다.

※ 목 차 오르기에서와 마찬가지로 뜀틀에서 머리 튀겨 돌기를 연습하되 높이를 차츰 낮춰 간다. 엉덩이의 각도를 올바로 유지하려 노력해야 한다.

변형

(가) 머리 튀겨 돌기를 한 다음 한 발로 착지한 후 선다. 이 기술을 행하기 위해서는 매트를 강하게 차고 다리를 힘차게 내려야 한다. 착지할 때에는 나머지 다리도 완전히 뻗어 있는 상태여야 한다.

(나) 머리 튀겨 돌기를 한다. 이는 이 기술을 행하는 올바른 감각을 익히는 데 도움이 될 것이다.

3) 손짚고 옆돌기

(1) 연속으로 옆돌기를 한다. 가능한 앞으로 바르게 나아갈 수 있도록 연습한다.
(2) 점프하여 옆돌기를 한다. 이 동작을 행하기 전에 손목을 충분히 풀어주어 착지 순간의 충격을 이겨낼 수 있도록 한다.

4) 손짚고 앞돌기(The Forward Handspring)

(1) 발구름을 손짚고 앞돌기의 매우 중요한 동작이다. 초보자들은 발구름을 잘 하지 못하고서는 왜 손짚고 앞돌기가 제대로 되지 않는지를 의아해 한다. 앞쪽으로 점프하되, 3에서 왼발은 오른발의 뒤에 있게 한다. 초보자들은 왼쪽 다리가 앞으로 나오는 경향이 있는데, 이는 점프의 높이를 줄이게 된다. 다리를 모으고 몸을 약간 앞쪽으로 기울인다.

(2) 몸을 앞으로 떨어뜨려 팔이 매트에 닿을 때의 충격을 흡수하여야 한다.

(3) 어깨를 펴 팔과 몸이 직선이 된 상태로 가볍게 매트를 짚으며 몸이 솟아 오르게 한다.

연습요령

(가) 뜀틀이나 연습용 블록을 이용하여 동작을 연습한다. 떨어질 때 보조자의 도움을 받아 착지한다. 이 동작이 익숙해지면 점차 블록의 높이를 낮추고 손짚기 전에 달려 출발하는 것처럼 홉을 하여 손짚고 앞돌기를 하도록 한다.

(나) 다음에는 보조물을 없애고 손짚고 앞돌기를 연습하되, 공중에 떠 있을 때에 보조자가 등을 받쳐주어 마지막에 선 자세를 취할 수 있게 도움을 받는다.

변형

(가) 달려 손짚고 앞돌기를 하되 한 발로 착지한 다음 이어서 다른 발로 두 번째의 손짚고 앞돌기를 한다. 착지하는 발과 다음 동작을 시작하는 발 모두 곧게 펴져 있어야 한다.

(나) 달려 손짚고 앞돌기를 하고 두 발로 착지한 후 이어서 점프하여 앞구르기를 한다. 이러한 동작의 연결은 두 동작 사이에 무릎이 약간 구부러지는 것이 눈에 안 띄도록 부드럽고 신속하게 이루어져야 한다.

(다) 달려 홉을 한 후 두 발을 모아 손짚고 앞돌기를 한다. 두 발을 모아 점프하여 손짚고 앞돌기를 할 때에 너무 멀리 점프하지 않도록 한다. 발구름을 할 때에 엉덩이를 약간 굽힌다. 다음에는 두 발로 발구름을 하여 손짚고 앞돌기를 하고 한 발로 착지한 다음 이어서 한 발로 발구름하여 손짚고 앞돌기를 한다.

5) 손짚고 뒤돌기(The Back Handspring)

(1) 제자리 선 자세로 이 기술을 시작하려면 숨을 들이쉬고 발끝에다 체중을 싣는다. 팔을 옆으로 약간 벌려 앞뒤로 진자운동을 한다.

(2) 다음 동작을 위해 팔의 간격을 약간 좁힌다.

(3) 팔을 거의 같은 자세로 유지하고 무릎은 약간 굽히며 몸을 약간 앞으로 굽힌다. 머리는 항상 같은 자세를 취하고 있음에 유의하고 무릎이 너무 앞으로 나가지 않도록 한다.

(4) 팔이 앞 위로 움직이며 몸이 위로 뜨기 위한 동작을 시작한다. 덩이는 매트와 평행이 되게 하고 몸은 뒤로 넘어지기 시작한다. 팔은 아래로 힘차게 스윙한다. 머리는 계속 같은 자세를 유지하나 등이 앞으로 굽어진다.

(5) 팔을 빠르게 위로 올리고 머리가 등쪽으로 젖혀지기 시작하나 등은 여전히 굽어 있다. 이러한 동작은 무릎이 앞으로 내미는 것을 막아 주고 발구름을 더욱 효과적으로 하게 해 준다. 어떤 코치들은 머리가 뒤로 젖혀짐으로써 가슴이 활과 같이 뒤로 젖혀지게 하여 발구름의 효과를 줄인다고 생각하여 동작 중에 가슴이 뒤로 젖혀지는 것을 방지하고 등을 앞으로 굽게 하기 위하여 머리를 복부 쪽으로 굽히게 한다.

(6) 몸이 공중으로 뜨게 된다. 몸이 공중에 있는 동안은 뒤로 완전히 젖혀져 활모양이 되게 한다. 이때 팔이 머리 위로 쭉 뻗어 어깨의 각이 180°가 되면 손으로 착지할 때와 매트를 밀어내는 동작이 훨씬 용이해진다. 이 기술을 행할 때에 몸

이 뒤로 젖혀지는 것에만 너무 의존하게 되면 체공 중에 다리가 벌어지게 되어 감정을 당하게 되기 쉽다.

(7) 손이 매트에 닿기 전에 어깨의 각이 완전히 펴지게 된다. 손으로 매트를 칠 때 다리를 앞쪽으로 스윙하여 매트를 밀어내기 위한 준비를 한다. 팔이 앞쪽으로 나가서는 안 되고, 매트에 수직이 되게 한다.

연습요령

(가) 바로 선 자세에서 가능한 팔을 뒤로 하여 아래를 통과한 후 앞으로 강하게 내저으며 뛰어 오른다. 그 다음엔 같은 방법으로 뒤쪽을 향하여 뛴다. 가능한 발구름한 지점으로부터 멀리 떨어지도록 노력한다. 나중엔 뒤로 1m 정도 뛸 수 있어야 한다.

(나) 1과 같은 방법으로 뒤를 향해 비스듬히 뛰되, 뒤 그림에서처럼 보조자로 하여금 등을 받쳐 주게 하여 연습을 한다.

(다) 2명의 보조자에 의한 안전벨트를 이용하거나 안전벨트 없이 한 사람만의 보조자를 이용하거나 그렇지 않으면 뜀틀과 한 사람의 보자를 이용하도록 한다.

(라) 초보자는 손짚고 뒤돌기의 마지막 동작인 다리를 차 내릴 때에 흔히 매트에 손과 발이 동시에 닿게 된다. 그림에서처럼 다리를 차 내림과 동시에 뒤로 뛰어오르는 연습을 한다. 이 연습은 손짚고 뒤돌기나 2번의 손짚고 앞돌기에 이은 도움짚기 연습에도 도움이 된다.

(마) 일단 손짚고 뒤돌기를 쉽게 할 수 있게 되면 마음 속으로 자신의 연기를 다시 생각해 보고 자신의 연기가 정확하고 유연하게 행해졌는가를 검토해 보도록 한다. 다음에는 아래의 사진과 같이 물구나무서기 자세에서 손짚고 뒤돌기를 해 본다.

변형

(가) 물구나무서기에서 손짚고 뒤돌기를 다섯 차례 계속한다. 손짚고 뒤돌 때마다 속도가 조금이라도 떨어지게 되면 손과 발이 바닥에 동시에 닿게 되므로 계속

빠른 속도를 유지하여야 한다.

(나) 도움짚기에서 연속을 손짚고 뒤돌기를 한다. 도움짚기를 한 후 손짚고 뒤돌기를 할 때 몸이 조금이라도 틀리게 되면 몸은 라인이나 매트를 벗어나게 될지도 모른다.

(다) 손 짚고 앞돌기를 한 후 한 발로 착지하여 곧바로 도움짚기를 하고 손짚고 뒤돌기를 한다. 몸의 동작이 부드럽고 연속적으로 행해지게 하여 세 동작 모두가 정지하거나 끊어지지 않게 한다.

(라) 손짚고 뒤돌기를 하여 물고나무서기 자세가 되었을 때 팔을 굽혀 상체를 낮추며 무릎 세워 앉는 자세가 되어 끝낸다.

6) 앞 공중돌기

이 기술은 손짚고 앞돌기를 하되 손을 매트에 짚지 않고 행하는 것과 같다. 짧게 달려 홉한 후에 한쪽 발을 사용하여 점프해서 상체를 아래로 떨어뜨리며 다리 벌려 앞 공중돌기를 한다. 앞으로 굽히는 속도가 매우 중요하다. 착지하는 다리가 발구름시 약간 굽혀지고 가슴은 허벅지쪽으로 끌어당겨져야 한다.

팔은 회전을 돕기 위하여 아래로부터 뒤로 돌아 위쪽으로 올려 주고 머리는 뒤쪽으로 젖혀 회전을 돕는다. 이 기술을 익힐 때에는 필히 보조자나 안전벨트를 이용하도록 한다.

연습요령

(가) 뜀틀에서 앞 공중돌기를 연습한다. 안전한 착지를 위하여 매트와 보조자를 이용한다.

(나) 스프링보드를 이용하여 발구름을 연습하고 여러 겹의 매트 위에서 공중돌기를 연습한다. 몸을 가능한 많이 웅크려 착지할 때 매트 밖으로 굴러 나가지 않도록 주의한다. 웅크린 자세를 취할 대 무릎을 약간 떼어 머리와 부딪히지 않도록 한다.

7) 뒤 공중돌기

(1) 도움짚기하여 손짚고 뒤돌기를 한 다음 뒷 공중돌기를 한다. 뒷공중돌기를 정확히 하기 위해서는 엉덩이를 완전히 펴고 다리는 몸을 그대로 따라가게 하며, 팔은 위로 들어올려 등을 뒤로 젖힌다.

(2) 매트를 밀어내고 공중으로 뜨게 되는 손짚고 뒤돌기의 마지막 부분이 이 기술의 가장 중요한 동작이다. 매트를 밀어내며 다리를 앞으로 급히 끌어당기는 동작이 발구름의 힘을 결정짓게 된다. 여기에서 어깨의 각을 좁히거나 발구름 후에 어깨의 각을 넓히려 하다보면 이 기술 전부를 그르치게 하고 만다. 머리를 뒤로 젖히려는 힘과 등을 앞으로 굽히려는 힘이 동시에 작용하게 된다.

(3) 발구름 후에 몸이 공중으로 뜨게 되는 순간 어깨를 당기고 팔은 전방에서 멈춘다.

(4) 머리를 뒤로 젖힌다. 회전속도를 증가시키기 위하여 몸은 완전히 웅크린 자세가

된다, 웅크린 자세로 있을 때에는 등을 계속 둥글게 하여야 한다. 머리를 뒤쪽으로 젖히기 쉽게 하기 위하여 가슴을 펴게 되면 웅크린 자세가 제대로 되지 않는다.

연습요령

(가) 선 자세에서 강하게 발구름 하여 웅크린 자세로 뛰어 오르되 무릎이 가슴에 닿을 때 까지 바짝 끌어당기는 연습을 한다

(나) 그림처럼 뜀틀에서 뒷공중돌기를 한다. 처음에는 보조자와 안전벨트를 이용하되 혼자서 안전하게 할 수 있을 정도로 숙달되면 물구나무서기 자세에서 다리를 차 내리며 뒷공중돌기를 한다.

제3장

곤봉체조

1. 곤봉체조의 이해
2. 손목 동작
3. 팔 동작
4. 휘돌리기 동작

제3장

곤봉체조

1. 곤봉체조의 개념

곤봉은 아령과 달리 곤봉자체를 돌리는 도구운동으로 어깨, 팔, 손목 등 상체를 부드럽게 하며 교차성, 평형성, 유연성을 기른다. 특히, 태권도 수련자들이 행하는 손동작과 쌍절곤, 단봉, 장봉 등 무기술을 익히는데 꼭 필요한 보조·보강 운동이다.

2. 손목 동작

1). 손목 외측 돌리기

두 팔을 나란히 펴고, 곤봉을 앞으로 떨어뜨리듯이 돌린다. 이 때 손목을 부드럽게 돌려야 한다.

가. 곤봉의 손잡이를 엄지와 집게 손가락으로 가볍게 잡고 가슴 앞에 세운다.

나. 팔을 펴며 곤봉을 몸의 외측(앞방향)으로 던진다.

다. 손바닥이 아래를 향하게 봉을 떨어뜨려 손목 안으로 돌린다.

라. 손바닥이 하늘을 향하게 하며 곤봉을 그림과 같이 위로 돌려 올린다.

마. 곤봉을 앞-손목외측으로 떨어뜨려 손목 밖으로 돌린다.

바. 손바닥이 아래를 향하게 하며 곤봉을 그림과 같이 위로 돌려 올린다.

2) 손목 내측 돌리기

두 팔을 나란히 펴고 곤봉을 몸쪽으로 떨어뜨리듯이 돌린다.

가. 곤봉의 손잡이를 엄지와 집게 손가락으로 가볍게 잡고 가슴 앞에 세운다.

나. 팔을 펴며 곤봉을 몸의 내측(안방향)으로 던진다.

다. 손바닥이 아래를 향하게 봉을 떨어뜨려 손목 안으로 돌린다.

라. 손등이 하늘을 향하게 하며 곤봉을 그림과 같이 위로 돌려 올린다.

마. 곤봉을 몸쪽-손목외측으로 떨어뜨려 손목 밖으로 돌린다.

바. 손바닥이 하늘을 향하게 하며 곤봉을 그림과 같이 위로 돌려 올린다.

3) 손목 동일 방향 돌리기

두 팔을 나란히 펴고 동일방향으로 곤봉이 돌아갈 수 있게 앞쪽으로 떨어뜨리듯이 돌린다. 반대로 몸 쪽으로 떨어뜨리며 돌린다.

가. 곤봉의 손잡이를 엄지와 집게 손가락으로 잡고 가볍게 가슴 앞에 세운다.

나. 팔을 펴며 곤봉을 몸의 외측(앞방향)으로 던진다.

다. 봉이 돌아가는 쪽 손은 위를, 반대쪽 손은 아래를 향하게 봉을 떨어뜨려 두 곤봉을 동시에 돌린다.

라. 돌려 올린 곤봉을 몸의 외측(앞방향)으로 던진다.

마. 봉이 돌아가는 쪽 손은 위를, 반대쪽 손은 아래를 향하게 봉을 떨어뜨려 두 곤봉

을 동시에 돌린다.

바. 곤봉의 손잡이를 엄지와 집게 손가락으로 잡고 곤봉을 그림과 같이 위로 돌려 올려 가슴 앞에 세운다.

3. 팔 동작

1) 팔펴 외측 돌리기

곤봉을 부드럽게 잡고, 가슴 앞에서 한족 팔을 펴 외측으로 돌린다.

이 동작은 어깨의 유연성을 높이고, 기구에 대한 운동 감각을 기른다.

가. 곤봉의 손잡이를 엄지와 집게 손가락으로 잡고 가볍게 가슴 앞에 세운다.

나. 우측팔을 펴며 곤봉을 몸의 외측으로 떨어뜨려 봉의 무게를 느끼며 돌린다.

다. 봉이 돌아가는 반대쪽 손은 가볍게 가슴 앞에 세워 둔다.

라. 돌려 올린 곤봉을 가볍게 가슴 앞에 세우며 반대쪽 팔을 위로 펴 외측방향으로 떨어뜨려 봉의 무게를 느끼며 돌린다.

마. 봉이 돌아가는 반대쪽 곤봉의 손잡이를 엄지와 집게 손가락으로 잡고 가볍게 가슴 앞에 세워둔다.

바. 곤봉을 그림과 같이 좌·우 1회전씩 봉의 무게를 느끼며 구령에 맞춰 돌린다.

2) 팔펴 내측 돌리기

곤봉을 부드럽게 잡고 가슴 앞에서 한쪽 팔을 펴 내 쪽으로 돌린다. 왼팔, 오른팔 각각 돌린다.

가. 곤봉의 손잡이를 엄지와 집게 손가락으로 잡고 가볍게 가슴 앞에 세운다.
나. 우측팔을 펴며 곤봉을 몸의 내측으로 떨어뜨려 봉의 무게를 느끼며 돌린다.
다. 봉이 돌아가는 반대쪽 손은 가볍게 가슴 앞에 세워 둔다.

라. 돌려 올린 곤봉을 가볍게 가슴 앞에 세우며 반대쪽 팔을 위로 펴 내측방향으로 떨어뜨려 봉의 무게를 느끼며 돌린다.

마. 봉이 돌아가는 반대쪽 곤봉의 손잡이를 엄지와 집게 손가락으로 잡고 가볍게 가슴 앞에 세워둔다.

바. 곤봉을 그림과 같이 좌·우 1회전씩 봉의 무게를 느끼며, 내측으로 구령에 맞춰 돌린다.

3) 양팔 외측 돌리기

곤봉을 그림과 같이 부드럽게 잡고 두 팔을 위로 펴 양쪽 외측으로 떨어뜨리듯이 크게 돌린다.

가. 곤봉의 손잡이를 엄지와 집게 손가락으로 잡고 가볍게 가슴 앞에 세운다.

나. 양팔을 펴서 곤봉을 몸의 외측으로 떨어뜨려 봉의 무게를 느끼며 돌린다.

다. 곤봉이 돌아가며 가슴 앞에서 그림과 같이 X자로 그리며 휘돌린다.

라. 돌려 올린 곤봉을 머리위에서 가볍게 가슴 앞으로 당겨 세웠다가 두팔을 편다.

마. 양팔을 외측으로 떨어뜨리며 봉의 무게를 이용하여 크게 휘돌린다.

바. 양팔에 봉의 무게를 느끼며 외측으로 구령에 맞춰 연속으로 실시한다.

4) 양팔 내측 돌리기

곤봉을 그림과 같이 부드럽게 잡고, 두 팔을 위로 펴 양쪽 내측으로 두 팔이 X자가 되도록 떨어뜨리듯이 크게 돌린다.

가. 곤봉의 손잡이를 엄지와 집게 손가락으로 잡고 가볍게 가슴 앞에 세운다.

나. 양팔을 펴서 곤봉을 몸의 내측으로 떨어뜨려 봉의 무게를 느끼며 돌린다.

다. 곤봉이 돌아가며 가슴 앞에서 그림과 같이 X자로 그리며 휘돌린다.

라. 돌려올린 곤봉을 머리위에서 가볍게 가슴앞으로 당겨 세웠다가 두팔을 편다.

마. 양팔을 내측으로 떨어뜨리며 봉의 무게를 이용하여 크게 휘돌린다.

바. 양팔에 봉의 무게를 느끼며 내측으로 구령에 맞춰 연속으로 실시한다.

4. 휘돌리기 동작

1) 손목회전 외측 돌리기

곤봉을 그림과 같이 부드럽게 잡고 한 팔을 펴 외측으로 돌리면서, 손목을 회전하여 곤봉을 돌린다. 즉 팔의 대회전과 손목의 소회전이 복합적으로 일어난다. 양팔을 각각 실시한다.

가. 곤봉의 손잡이를 엄지와 집게 손가락으로 잡고 가볍게 가슴 앞에 세운다.

나. 우측팔을 펴며 곤봉을 몸의 외측으로 떨어뜨려 봉의 무게를 느끼며 돌린다.

다. 돌려올린 봉을 머리뒤쪽에서 손목을 이용하여 외측으로 1회전시키며 팔을 펴 외측으로 휘돌린다.

라. 휘돌아온 팔의 곤봉손잡이를 엄지와 집게 손가락으로 잡고 가볍게 가슴 앞에 세운다.

마. 반대팔을 펴 곤봉을 몸의 외측으로 떨어뜨려 봉의 무게를 느끼며 돌린다.

바. 돌려올린 봉을 머리뒤쪽에서 손목을 이용하여 외측으로 1회전시키며 팔을 펴 외측으로 휘돌린다.

사. 휘돌아온 팔의 곤봉손잡이를 엄지와 집게 손가락으로 잡고 가볍게 가슴 앞에 세우며 1회전을 마친다.

2) 손목회전 내측 휘돌리기

곤봉을 그림과 같이 부드럽게 잡고 한 팔을 펴 내측으로 돌리면서 손목을 회전하여 곤봉을 돌린다. 즉 팔의 대회전과 손목의 소회전이 복합적으로 일어난다. 양팔을 각각 실시한다.

가. 곤봉의 손잡이를 엄지와 집게 손가락으로 잡고 가볍게 가슴 앞에 세운다.

나. 우측팔을 펴며 곤봉을 몸의 내측으로 떨어뜨려 봉의 무게를 느끼며 돌린다.

다. 돌려올린 봉을 머리뒤쪽에서 손목을 이용하여 내측으로 1회전시키며 팔을 펴 내측으로 휘돌린다.

라. 휘돌아온 팔의 곤봉손잡이를 엄지와 집게 손가락으로 잡고 가볍게 가슴 앞에 세운다.

마. 반대팔을 펴 곤봉을 몸의 내측으로 떨어뜨려 봉의 무게를 느끼며 돌린다.

바. 돌려올린 봉을 머리뒤쪽에서 손목을 이용하여 외측으로 1회전시키며 팔을 펴 내측으로 휘돌린다.

사. 휘돌아온 팔의 곤봉손잡이를 엄지와 집게 손가락으로 잡고 가볍게 가슴 앞에 세우며 1회전을 마친다.

3) 손목회전 양팔 외측 휘돌리기

곤봉을 그림과 같이 부드럽게 잡고, 양팔을 펴 외측으로 휘돌리면서 손목을 회전하며 곤봉을 돌린다. 즉 팔의 대회전과 손목의 소회전이 복합적으로 동시에 이루어진다.

가. 곤봉의 손잡이를 엄지와 집게 손가락으로 잡고 가볍게 가슴 앞에 세운다.

나. 양팔을 펴며 곤봉을 몸의 외측으로 떨어뜨려 봉의 무게를 느끼며 돌린다.

다. 돌려올린 봉을 머리뒤쪽에서 손목을 이용하여 외측으로 1회전시키며 팔을 펴 외측으로 휘돌린다.

라. 휘돌아온 팔의 곤봉손잡이를 엄지와 집게 손가락으로 잡고 가볍게 가슴 앞에 세운다.

마. 양팔을 펴 곤봉을 몸의 외측으로 떨어뜨려 봉의 무게를 느끼며 돌린다.

바. 돌려 올린 봉을 머리뒤쪽에서 양손목을 이용하여 외측으로 1회전시키며 팔을 펴 외측으로 휘돌린다.

사. 휘돌아온 팔의 곤봉손잡이를 엄지와 집게 손가락으로 잡고 가볍게 가슴 앞에 세우며 1회전을 마친다.

4) 손목회전 양팔 내측 휘돌리기

곤봉을 그림과 같이 부드럽게 잡고, 양팔을 펴 내측으로 휘돌리면서 손목을 회전하며 곤봉을 돌린다. 즉 팔의 대회전과 손목의 소회전이 복합적으로 동시에 이루어진다.

가. 곤봉의 손잡이를 엄지와 집게 손가락으로 잡고 가볍게 가슴 앞에 세운다.

나. 양팔을 펴며 곤봉을 몸의 내측으로 떨어뜨려 봉의 무게를 느끼며 돌린다.

다. 돌려 올린 봉을 머리뒤쪽에서 손목을 이용하여 내측으로 1회전시키며 팔을 펴 내측으로 휘돌린다.

라. 휘돌아온 팔의 곤봉손잡이를 엄지와 집게 손가락으로 잡고 가볍게 가슴 앞에 세운다.

마. 양팔을 펴 곤봉을 몸의 내측으로 떨어뜨려 봉의 무게를 느끼며 돌린다.

바. 돌려 올린 봉을 머리뒤쪽에서 양손목을 이용하여 내측으로 1회전시키며 팔을 펴 내측으로 휘돌린다.

사. 휘돌아온 팔의 곤봉손잡이를 엄지와 집게 손가락으로 잡고 가볍게 가슴 앞에 세우며 1회전을 마친다.

5) 손목회전 시간차 휘돌리기

곤봉을 그림과 같이 부드럽게 잡고 양팔의 회전시간차를 두고 휘돌리면서 동시에 손목을 회전시켜 곤봉을 돌린다. 즉 팔의 대회전과 손목의 소회전이 복합적으로 일어난다.

가. 곤봉의 손잡이를 엄지와 집게 손가락으로 잡고 가볍게 가슴 앞에 세운다.

나. 곤봉을 잡은 우측 팔을 펴 몸의 내측으로 90도 떨어지는 시점에 좌측 팔을 위로 올린다.

다. 펴진 양 팔을 봉의 무게를 느끼며 휘돌려 우측팔을 머리뒤쪽에서 손목을 이용하여 내측으로 1회전시키며 팔을 펴 내측으로 휘돌린다.

라. 머리뒤쪽에서 손목을 이용하여 내측으로 1회전시킨 우측 팔이 펴지는 순간 좌측팔을 머리 뒤쪽에서 손목을 이용하여 외측으로 1회전시키며 팔을 펴 외측으로 휘돌린다.

마. 휘돌아온 팔의 곤봉손잡이를 엄지와 집게 손가락으로 잡고 가볍게 가슴 앞에 세우며 1회전을 마친다.

바. 곤봉의 손잡이를 엄지와 집게 손가락으로 잡고 가볍게 가슴 앞에 세운다.

사. 곤봉을 잡은 좌측 팔을 펴 몸의 내측으로 90도 떨어지는 시점에 우측 팔을 위로 올린다.

아. 펴진 양 팔을 봉의 무게를 느끼며 휘돌려 좌측 팔을 머리뒤쪽에서 손목을 이용하여 내측으로 1회전시키며 팔을 펴 내측으로 휘돌린다.

자. 머리뒤쪽에서 손목을 이용하여 내측으로 1회전시킨 좌측 팔이 펴지는 순간 우측 팔을 머리 뒤쪽에서 손목을 이용하여 외측으로 1회전시키며 팔을 펴 외측으로 휘돌린다.

차. 휘돌아온 팔의 곤봉손잡이를 엄지와 집게 손가락으로 잡고 가볍게 가슴 앞에 세우며 1회전을 마친다.

제4장

줄넘기 체조

1. 줄넘기 체조의 이해
2. 기본 동작
3. 한번 뛰어 한번 넘기
4. 한번 뛰어 달리기
5. 한번 뛰어 두번 넘기
6. 뛰기 동작

제4장

줄넘기 체조

1. 줄넘기 체조의 이해

줄넘기는 19세기부터 시작하여 현재는 미용 및 전신운동으로, 도약력과 리듬감, 근력과 지구력, 신체의 균형감각을 길러주는 운동이다. 특히 태권도 수련자들의 빠른 신체의 중심이동과 발차기 등, 몸동작을 행하기 위한 스텝을 익히는데도 매우 중요하다, 줄넘기 동작은 다양하며 매우 간단하고, 쉬운 동작이 있는가 하면, 강하고, 빠른 힘과 스피드를 요하는 동작, 유연한 몸놀림을 요하는 동작 등, 남녀노소 누구나 자신의 능력에 맞는 운동을 할 수 있고, 때와 장소를 가리지 않고, 손쉽게 할 수 있는 운동이다.

※ 이상적인 줄의 길이는 두발로 줄을 밟고 손잡이를 당겨 자신의 가슴보다 짧은 것이 좋다. 이보다 길면 돌리기가 어렵고, 너무 짧으면 줄이 빨리 돌릴 수는 있으나 발에 걸리기 쉬우므로 돌리기가 어렵다.

2. 기본동작

1) 두 번 뛰어 한번 넘기

이 동작은 줄을 천천히 돌리면서 두 번 뛰면서 줄은 한번 돌리는 동작으로 줄이 타원형을 잘 그려 유지하면서 돌아 갈수 있게 돌려야 한다.

가. 줄의 손잡이를 두손으로 잡고 발을 모아 두번 뛰면서 줄을 1회전시킨다.

나. 줄이 잘 펴져 천천히 돌아가도록 조절하는 것이 중요하다.

다. 두발을 모아 발끝으로 부드럽게 두 번 뛴다.

라. 두 번째 뛰는 순간 줄이 돌아간다.

마. 줄을 가볍게 잡고 팔과 어깨를 동시에 회전시킨다.

바. 무릎과 발목을 부드럽게하며 연속해서 실시한다.

2) 두 번 뛰어 방향 전환

두 번 뛰어 한번 돌리는 요령과 같으나 90도씩 방향을 전환하면서 뛴다. 방향을 전환할 때 줄은 앞으로 한번 돌리고, 뒤로 한번 돌리면서 방향전환이 이루어진다.

가. 줄의 손잡이를 두손으로 잡고 발을 모아 두번 뛰면서 줄을 1/2회전시킨다.

나. 줄이 잘 펴져 천천히 돌아가도록 조절하면서 앞쪽으로 줄을당겨 1/2회전시킨다.

다. 줄을 반대쪽으로 1/2회전 시킨 시점에 90도 방향 전환한다.

라. 줄은 발을 중심으로 1/2회전씩 전·후 회전시킨다.

마. 줄은 발을 중심으로 1/2회전씩 전·후 방향으로 각각 뛰기를 한다.

KOREA

KOREA

KOREA

KOREA

바. 좌측, 우측 각각 1회전씩 실시한다.

3) 좌식(坐式) 휘돌리기

이 동작은 다양한 스텝변화와 태권도 기술에서 하단공격을 위한 발기술 동작을 익히는데 매우 중요한 응용동작이다.

※ 줄은 한손으로 잡고 자세를 낮추어 휘돌리면서 각각 한번 씩 뛰어넘는 동작이다.

가. 줄의 손잡이를 한손으로 모아잡고 두발을 사진과 같이 각각 뛰면서 회전시킨다.

나. 줄이 잘 펴져 천천히 돌리면서 돌아가는 쪽 발이 먼저 뛰고, 이어 반대발이 뛰면서 조절하여 회전시킨다.

다. 줄의 손잡이를 반대쪽 손으로 잡고 반대 방향으로 회전시킨다.

라. 줄이 잘 펴져 천천히 돌리면서 돌아가는 쪽 발이 먼저 뛰고, 이어 반대발이 뛰면서 조절하여 회전시킨다.

마. 두발을 모아 뛰면서 회전시킬 수 있다.

3. 한번 뛰어 한번 넘기

이 동작은 가장 일반적인 줄넘기 동작으로 한번 뛰어 한번 넘기는 돌리는 속도를 조절하면서 실시 할 수 있는 동작이다.

가. 줄의 손잡이를 양손으로 잡고 두발을 사진과 같이 모아 뛰면서 회전시킨다.

나. 줄이 잘 펴져 잘 돌아가도록 속도조절하면서 회전시킨다.

다. 줄을 뒤쪽으로 회전 시킬 수 있다.

라. 두발을 다양한 위치에 놓고 뛰면서 회전시킬 수 있다.

마. 두발로 모아 뛰며 손목과 상완을 이용하여 회전시킨다.

바. 무릎과 발목을 굴신의 부드럽게 한다.

사. 자연스럽게 몸을 펴 바른자세를 취한다.

4. 한번 뛰어 달리기

이 동작은 순발력, 민첩성을 기를 수 있으며, 특히 태권도 발차기에서 빠른 무릎을 올 릴 수 있는 보조 운동으로 적합하다.

가. 줄의 손잡이를 양손으로 잡고 두발을 교차하며 회전시킨다.

나. 줄이 잘 펴져 잘 돌아가도록 속도조절하면서 회전시킨다.

다. 줄이 회전 되는 매 순간 무릎을 높게 들며 회전시킨다.

라. 두발을 다양한 방향으로 놓고 뛰면서 회전시킬 수 있다.

마. 단거리 달리기를 하는 느낌으로 리듬감을 가지고 실시한다.

5. 한번 뛰어 두 번 넘기

이 동작은 각 근력을 기리고, 민첩성, 순발력 등 태권도 수련자들에게 보조자가 운동으로 적합한 동작이다.

- 줄의 손잡이를 양손으로 잡고 두발을 모아 1회 뛰어 2회전시킨다.
- 줄이 잘 펴져 잘 돌아가도록 속도 빠르게 회전시킨다.
- 줄이 회전 되는 매 순간 체공시간을 길게 한다.
- 두발을 다양한 높이로 뛰면서 회전시킬 수 있다.

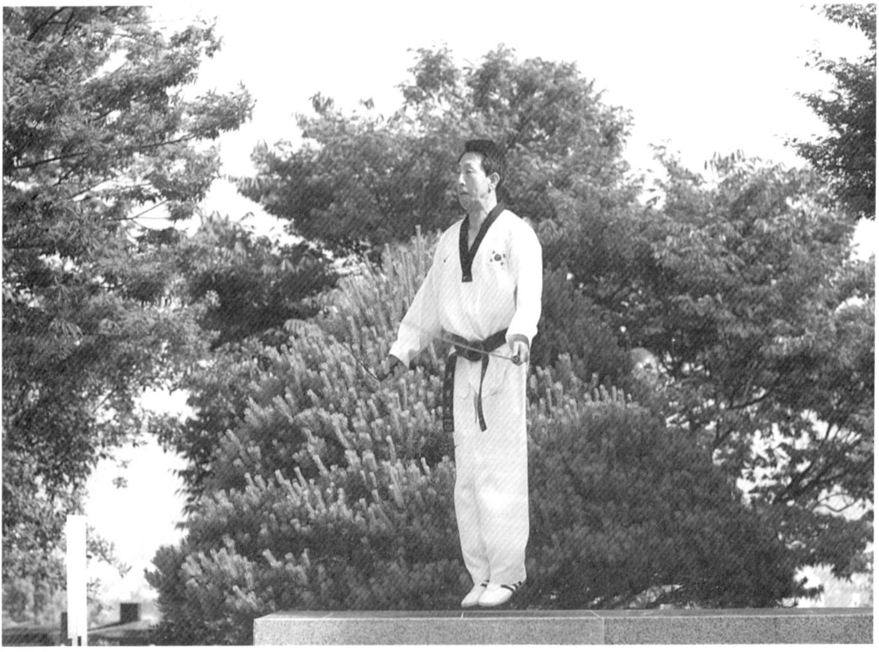

가. 줄의 손잡이를 양손으로 잡고 두발을 모아 1회 뛰어 2회전시킨다. 이때 가볍게 높이 뛰면서 손목 회전을 빠르게 하는 것이 중요하다.

나. 줄이 잘 펴져 잘 돌아가도록 속도 빠르게 회전시킨다.

다. 줄이 회전 되는 매 순간 체공시간을 길게 한다.

라. 두발을 다양한 높이로 뛰면서 회전시킬 수 있다.

6. 뛰기 동작

1) 비켜뛰기

이 동작은 줄을 두손으로 모아쥐고 좌·우로 휘돌리는 종작으로 허리의 유연성과 어깨 등 전신을 부드럽게 할 수 있다.

이와 같은 동작은 태권도, 권투 등 다양한 몸놀림을 요하는 운동에 도움이 된다.

- 줄의 손잡이를 양손으로 잡고 앞서기 자세로 상체를 흔들며 회전시킨다.
- 줄이 잘 펴져 잘 돌아가도록 속도조절하면서 회전시킨다.
- 줄이 회전 되는 매 순간 무릎, 허리, 어깨의 굴신을 이용하여 회전시킨다.
- 두발을 다양한 방향으로 놓고 뛰면서 회전시킬 수 있다.

가. 줄의 손잡이를 양손으로 잡고 앞서기 자세로 상체를 흔들며 회전시킨다.

나. 줄이 잘 펴져 잘 돌아가도록 속도조절하면서 회전시킨다.

다. 줄이 회전 되는 매 순간 무릎, 허리, 어깨의 굴신을 이용하여 회전시킨다.

라. 두발을 다양한 방향으로 놓고 뛰면서 회전시킬 수 있다.

2) 스텝 뛰기

이 동작은 다양한 스텝을 요하는 태권도에 매우 필요한 보조운동이며, 특히 부드러운 몸놀림과 정리운동으로 매우 적합하다,

- 줄의 손잡이를 양손으로 잡고 두발을 교차하며 회전시킨다.
- 줄이 잘 펴져 잘 돌아가도록 속도조절하면서 회전시킨다.
- 줄이 회전 되는 매 순간 무릎, 발목의 굴신을 이용하여 회전시킨다.
- 두발을 다양한 방향으로 놓고 뛰면서 회전시킬 수 있다.

가. 줄의 손잡이를 양손으로 잡고 두발을 교차하며 회전시킨다. 겨드랑이를 붙이고 손목을 가볍게 돌리는 느낌으로 실시한다.

나. 줄이 잘 펴져 잘 돌아가도록 속도조절하면서 회전시킨다. 몸이 체공하는 순간 경직되지 않게 주의한다.

다. 줄이 회전 되는 매 순간 무릎, 발목의 굴신을 이용하여 회전시킨다. 무릎을 가볍게 폈다~접었다 하면서 리듬을 타게 실시한다.

라. 두발을 다양한 방향으로 놓고 뛰면서 회전시킬 수 있다.

마. 좌·우 발을 교차 하면서 앞·뒤로 이동하여 몸놀림을 부드럽게 실시한다.

제5장

체조 경기의 이해

1. 남자 채점 규칙
2. 여자 채점 규칙

제5장

체조 경기의 이해

1. 남자채점규칙

가. 일반 규칙

1. 모든 기구에서의 연기에 대한 점수는 D-점수 및 E-점수 2가지로 구분된다.
   A-심판단은 연기 내용에 대한 A-점수를 산출하고, E-심판단은 체형, 기술,구성요소 등의 연기에 대한 감점을 한다.
   D-점수 내용에는 추가적으로 다음 사항이 포함된다.
   -10가지(청소년 대회에서는 8가지) 요소의 추가적 난도가치점(최고난도 9개 요소 - 청소년 대회에서는 7개 요소, 동일 요소그룹에서는 최대 4개 요소, 최고난도 계산에는 내리기 가치점이 포함)

동일한 가치를 지녔으나 다른 요소그룹에 속하는 요소로부터 9개(청소년 대회에서는 7개) 계산요소를 심판이 선택해야 할 경우에는 선수에게 유리한 결정을 내려야 한다. 내리기 연기를 포함하여 9개(청소년 대회에서는 7개)의 최고 계산요소가 결정되어야 할 때에는 심판은 동일 요소그룹에서 최대 4개 요소를 계산해야 한다(매트운동에서는 내리기 요소그룹은 첫 번째로 계산한다).

사체부분이 계산요소

-연결동작의 가치점은 종목 별 특별 규정에 따른다.

-요소 그룹 필요조건 가치점은 10개의 계산요소 (청소년 대회에서는 8개) 가운데서 실행된다.

E-점수는 10점에서 시작하여 감점은 소수점 두 자리(1/100)단위로 채점한다.

-미적 감점과 연기 실수에 대한 감점

-기술과 구성 미숙에 대한 감점

·기술 감점과(미와 연기 실수)10점에서 시작된 구성 미숙의 감점이 최종적인B-심판의 점수가 된다.

·연기에 대한 최종점수는 A-심판의 점수와 B-심판의 점수를 합산하여 산출한다.

·연기 내용에 대한 감점은 최고점과 최하점은 배제된다. 나머지 4개의 총점 평균을 10점에서 감산하여 최종 E-점수가 결정된다.

·운동 연기의 최종점수는 D-점수와 최종 E-점수를 더하여 결정된다.

2. 경기내용에 대한 채점 및 최종점수 결정에 관련된 규칙은 모든 대회종목(예선,팀결승, 개인종합경기, 종목별 결승경기)에서 동일하게 적용된다. 단, 도마경기 제외된다. 도마경기는 예선 및 종목별 결승 경기에 적용되는 별도의 규칙이 있다.

3. 개인종합경기 점수는 6개 경기에서 획득한 최종점의 합산이다.

4. 팀 점수는 해당 경기에 적용되는 현행 기술 규정에 의해 계산된다.

5. 팀 결승, 개인종합경기 및 종목별 결승경기의 예선 및 참가자격은 해당 대회에 적용되는 현행 기술 규정에 따른다.

6. 최종점수는 일반적으로 경기 채점요원(점수 기록자)이 계산하지만, 발표되기 전에 반드시 종목 감독관의 확인을 거쳐야만 한다.

7. 공식적인 FIG 대회에서 D-심판단의 D-점수 및 E-점수(E-심판단의 개별 심판으로부터 10에서 감점된 연기 감점의 평균)는 표시된다. E-심판단의 각 채점표는 평가양식에 기록한다. D-점수, E-점수, 최종점수는 모든 사람들에게 공개한다. 다른 대회에서도 D-점수, E-점수, 최종점수는 공개되어야 한다.

나. 난도와 시작점수(A-점수)에 관한 규정

난 도

1. 매트운동, 안마, 링, 평행봉, 철봉 경기의 난도에 관한 가치점은 다음과 같다.

2. 가능한 범위까지 개별 경기요소가 난이도 표에 등재되어 있다. 각 요소는 고유의 난도 가치와 분류코드 번호를 가지고 있다.

3. 공식 FIG 대회에서 난도표에 나타나지 않는 경기요소를 연출하는 경우, 경기장교육 24시간 이전에 상위심판장에게 제출하여 난이도 점수를 받아야만 한다. 기타 국내·외 경기에서는 기술위원회가 임시 난도 점수를 정할 수 있다.

4. 한 연기요소(또는 동일한 분류코드 번호를 가진 요소)가 반복 연출 될 수 있지만, 이와 같은 반복요소가 D-점수에는 도움이 되지 않는다. 8장과 9장에 서술된 안마와 링에서의 반복 제한은 별도 규정을 참조하길 바란다.

5. 채점규칙에 없는 요소는 통상적으로 허용되지 않거나 또는 D가치점 아래로 결정된다.

각 요소 그룹과 내리기 필수사항

1. 이 평가항목에서, 심판은 선수개인의 경향이나 기술적 기교뿐 아니라, 연기구성에 있어 필수적으로 요구되는 특별요구조건을 평가하게 된다.

2. 각 종목은 V로 표시되는 매트운동과 내리기 그룹을 제외하고 Ⅰ, Ⅱ, Ⅲ, 및 Ⅳ의 연기요소 그룹을 가지고 있다.

3. 선수는 본인의 연기구성에 있어 각 4가지 요소그룹 중에서 최소 한 요소를 포함시켜야 한다.

4. 각 요소는 난도표에 요소 그룹 필수사항을 충족시켜야 한다.

5. 각 요소그룹을 충족시킬 경우(10요소 내에서), A 심판단에 의해 0.50점을 부여 받는다.

6. 모든 경기에서 선수들은 내리기 요소그룹에 등재되어 있는 적절한 내리기 기술로 연기를 종료하여야 한다(매트운동과 도마경기에 대한 특별 규정은 7장과 10장을 참조할 것). 부적절한 착지의 예는 다음과 같다.
   - ⅰ. 착지 시 발을 앞으로 들어올리는 경우 (매트운동은 제외)
   - ⅱ. 착지 없이 종료한 경기
   - ⅲ. 부분적이거나 불완전한 착지로 종료한 경기
   - ⅳ. 발을 바닥에 내딛지 않고 착지한 경우 (매트운동의 구르기 동작 포함)
   - ⅴ. 옆으로 착지하거나 측면으로 회전하면서 착지하는 경우 (매트운동은 제외)

   주의 : 이런 실수는 D-심판단에 의해 요소그룹 내에 속한 동작으로 인정받지 못함.

7. 내리기 요소그룹 필요조건과 관련하여 다음과 같은 규칙을 적용한다.
   - ·A-난도 또는 B-난도의 내리기 = 0.00점(필요조건 이행 못함)
   - ·C-난도의 내리기 = +0.30점(부분적 이행)

·난도 또는 그 이상의 내리기 = +0.50점(완전 이행)

청소년 대회의 경우

·A난도의 내리기 = 0.00점(필요조건 이행 못함)

·C난도의 내리기 = +0.30점(부분적 이행)

·D난도 또는 그 이상의 내리기 = +0.50점(완전 이행)

연결기 가산점

1. 이 평가요소는 D-심판단에게 특수 연계성을 부여할 수 있는 권한을 부여하고 있다. 따라서 이와 같은 연결기 가산점은 각 종목별로 기술한 바와 같이 각 요소 간, 특수 연계성을 포함하고 있는 경기를 보다 더 차별화하는 역할을 한다.

2. 연결기 가산점은 오직 큰 실수없이 연기된 요소 즉, 직접적으로 연결되고 인정된 높은 수준의 연기요소만이 연결기 가산점을 부여받는다.

D-심판단의 평가

1. D-심판단은 경기내용을 평가하고 7장에서 12장까지 명시된 바와 같이 종목별로 정확한 D-점수를 결정할 책임이 있다. 15.5항에 정의된 경우를 제외하고, D-심판단은 정확히 실행된 규정에 맞는 동작을 인정하고 합당한 점수를 주어야 한다.

2. 선수들은 본인의 경기를 구성할 때 절대적으로 안전하고 고도의 심미적 및 기술적 숙련됨을 가지고 연출할 수 있는 동작만을 포함하여야 한다. 불완전하게 연출된 동작들은 D-심판단으로부터 인정을 받지 못할 뿐 아니라, E-심판단으로부터도 감점을 받게 되는 요인이 될 것이다.

3. 각 동작은 완벽한 마무리 자세와 완벽하게 연출됨을 기본으로 한다.

4. D-심판단이 인정하지 않는 연기는 점수를 받지 못한다.

5. 규정된 연기실시에서 크게 벗어난 동작은 D−심판단으로부터 인정을 받지 못한다. 다음 동작은, 인정 및 점수를 받지 못 하는 경우이다. (그러나, 반드시 적용하는 것은 아니다)

D−심판) 매트운동에서, 동작이 매트영역 밖에서 시작되는 경우 (7장 참조)

b) 10장에서 정의된 바와 같이, 도마에서 불확실한 뜀뛰기를 한 경우

c) 철봉에서, 발을 봉에 대고 동작을 한 경우 (12장 참조)

d) 어느 종목에서도, 다리 벌리고 정지동작을 한 경우(난도표에 명시 안된 요소)

e) 동작이 실행과정에서 지나치게 변형되어 더 이상 본래의 고유분류 코드 및 난도로 인정되지 않는 경우 (13.3장 참조). 예를 들어,

i. 힘 동작이 전적으로 흔들기로만 이루어 질 때

ii. 흔들기 동작이 전적으로 힘으로만 이루어질 때

iii. 몸을 펴서 젖히는 동작이 몸을 굽혀 웅크린 자세 또는 몸을 앞으로 굽힌 자세 또는 역으로 함께 실행할 때. 이러한 경우, 실제로 연출한 동작의 난도로 평가된다.

iv. 다리 모으고 힘 동작을 다리를 벌린 상태로 실시, 또는 반대로 하는 경우

v. 힘 버티기 동작을 팔을 심하게 굽힌 상태로 실행할 경우

vi. 링에서 발 또는 다리를 링 줄에 의지하여 물구나무서기 동작을 하는 경우

f) 보조자의 도움으로 동작을 마무리한 경우

g) 선수가 동작 중 넘어지거나 기구에서 떨어진 경우 또는 그 외 다른 방법으로 동작을 중단 한 경우

h) 선수가 동작 중 최소한 스윙과 같은 연속동작으로 이어질 수 있는 마무리 동작 없이 넘어지거나 기구에서 떨어졌을 때 또는 착지나 되잡기 중 동작의 순간 조절을 하지 못하였을 경우

i) 힘 버티기 동작 및 단순 버티기 동작의 지속시간이 1초 미만인 경우

j) 밀기 또는 당기기 동작이 어떤 이유일지라도 인정받지 못 하고 점수도 부여받지 못하는 힘 버티기 동작에서 비롯된 경우

k) 대부분 종목에서 비틀기 동작이 90도 회전을 초과하거나 그에 못 미치는 경우, 또는 흔들기 동작이 완벽한 마무리 자세인 45도 이상의 자세에서 벗어난

경우(13.1장 참조). 도마와 같이 특별한 경우, 90도 회전 이상 또는 이하의 동작은 D-심판단으로부터 별도의 상이한 난이도로 인정받는다.

l) 안마에서, 더 큰 동작 비중을 위하여 세로 쪽 버티기(cross support) 또는 가로 쪽으로 버티기(side support)동작이 올바른 버티기 각도에서 45도 이상 벗어난 경우

m) 어떠한 종목이라도 힘 버티기 동작 및 단순 버티기 동작 시 몸과 팔, 다리가 올바른 자세인 수평상태에서 45도 이상 벗어난 경우. 예를 들어,

i. 선수가 머리를 완전히 링 고리(환) 위에 두고 십자물구나무서기를 하는 경우(이것은 보통 45도 이상이다)

ii. 선수가 팔 겨드랑이를 완전히 링 고리 위에 두고 십자버티기를 하는 경우(이것은 보통 45도 이상이다)

iii. 23.8항 참조

6. 어떤 경우라도 D-심판단은 선수입장에서 또한 체조라는 스포츠의 관심사에 따라 결정을 내려야 한다. 부정확한 부분이 있는 경우, 이에 대하여 유리하게(어드밴티지) 해당 선수에게 주어져야 한다.

7. D-심판단의 인정을 받지 못하는 부정확하게 연출된 동작은 E-심판단으로부터 역시 큰 감점을 받게 될 것이다.

반 복

1. 선수가 본인이 제어할 수 없는 이유로 경기를 중단하지 않는 경우를 제외하고동작을 반복할 수 없다.

2. 선수가 넘어지거나 기구에서 떨어진 경우, 그 이후의 동작을 연속으로 이어서 할 수 있고, 또는 놓친 부분을 시작으로 다시 반복하여 실행할 수 있다. 그렇지만 이에 대한 점수는 없다.

3. 어떠한 동작도(동일한 분류코드에 속한 동작) 난도 점수나 가산점을 위하여 반복할 수 없다. 이는 연결기를 위해 반복되는 동작에도 적용된다.
(예외 : 일부 안마의 선회동작이 연결기를 위하여 두 번 시리즈로 실행된 경우,난도를 높일 수 있다.)

4. D-점수를 높이기 위해 어떠한 동작도(동일한 분류코드) 반복될 수 없다.
이 규칙은 링 경기에서 자세연기의 완성도와 관계없이 동일한 마지막 힘 모으기 동작은 두 번만 허용된다는 규칙까지 확대 적용된다. 예를 들어 십자물구나무서기(Inverted cross) 또는 낮은 수평 버티기(swD-심판llow) 등의 기술은 가산점이나 난도를 올리기 위해 두 번만 허용된다(9장 참조).

5. 동작의 난도가 어떠한 이유일지라도 인정받지 못할 경우, 그 동작은 요소그룹 필수 사항으로 간주될 수 없다.

D-심판단의 평가

난이도	A	B	C	D	E	F	G
가치점	0.10	0.20	0.30	0.40	0.50	0.60	0.70

선수의 행동	D-심판단의 평가
요소 그룹 필수사항 누락	각 요소에 0.5점 감점
내리기 요소 그룹 누락	D-심판 또는 B난도 내리기 = +0.0점 C난도 내리기 = +0.3점
청소년 대회에서는	D,E,F난도 내리기 = +0.5점 D-심판난도 내리기 = +0.0점 B난도 내리기 = +0.3점 C난도 또는 그 이상 = +0.5점
연기 불안정(15.5항과 24항 참조)	난도 불인정
보조자의 도움을 받아 동작 완료 시	난도 불인정
버티기가 1초 미만인 경우	난도 불인정
반복 요소	허용은 하지만, 점수는 없음
다리를 벌린 채 버티거나 금지된 착지	동작 및 착지요소 그룹 필수사항 불안정
다리를 벌리고 힘으로 버티거나 기타 금지된 동작	요소 불인정

작은 실수	중간 실수	큰 실수	불인정(D-심판단)
15도까지	16도~30도	>30도	>45도

다. 연기 연출 관련 규정

연기 연출 기술

1. 연기연출은 현대 체조흐름에 따라 구성되어야 하고, 이러한 요소가 결여되어 있는 경우, B심판단으로부터 감점을 받게 된다. 이러한 요소로는, D-심판) 기술적, 구성적(일반적인 연기 구성), 미적 실시

2. 연기 연출의 최대점수는 10.0점이다.

3. 짧은 연기에 대해서는 다음 규정이 적용된다.

평가 기준점수

·7개 또는 그 이상의 요소 10.00점

·6개 요소 6.00점

·5개 요소 5.00점

·1-4개 요소 2.00점

·요소 없음 0.00점

E-심판단의 감점 계산

1. E-심판단의 심판 6명은 독자적으로 연기내용에 대해 평가하고, 경기종료 후 10초 이내에 감점을 산출하여야 한다(9.2항 참조).

2. 모든 연기는 완벽한 연출을 한다는 전제 아래 평가된다. 이러한 전제조건에서 벗어 나는 요소에 따라 감점을 받게 된다.

D-심판) 구성적, 기술적, 미적 연기에 대한 최대 감점은 연기 연출의 최대 점수인 10.0점까지 된다.

선수에 대한 지시사항

1. 선수는 절대적인 안전, 기술적인 숙련함과 고도의 미적 수준을 지닌 동작만을 연기 하여야 한다. 안전과 관련된 책임은 전적으로 선수 본인에게 있다. E-심판단은 선수의 미적 그리고 기술적 실수에 대해 엄격하게 감점을 한다.

2. 선수는 무리한 기술(미적, 실시, 구성, 기술적 실수를 범하면서)을 실시하여 난도 또는 A-점수를 높이려고 시도해서는 안된다.

3. 모든 오르기 연기는 기본적으로 서 있는 자세, 또는 가볍게 뛰는 자세(평행봉 또는 철봉에 한 함), 정지하여 매달려 있는 자세로 시작하여야 한다. 기구에 오르기 전에 동작이나 중간동작을 해 서는 안된다. 본 규칙은 별도 규정이 적용되는 도마경기에는 적용되지 않는다.

4. 매트운동과 도마경기뿐만 아니라 모든 종목에서 내리기 동작은 양발을 모아 서 있는 자세로 마무리를 하여야 한다. 매트운동을 제외하고, 착지를 하기 위하여 발을 기구에서 들어 올리는 행위는 허락되지 않는다.

E-심판단의 평가

1. E-심판단은 선수의 연기가 해당 종목에서 요구하는 연기구성 요건에 일치하는지 여부와 연기의 미적, 기술적인 면에 대한 전반적인 평가를 책임진다. 각각의 경우, E-심판단은 동작이 완벽하게 실행되었는지 또한 완벽한 마무리가 이루어졌는지를 평가하게 된다(13.2장 참조).

2. 선수는 절대적인 안전, 기술적인 숙련성과 고도의 미적 수준을 지닌 동작만을 연기 하여야 한다. 그러한 요구조건에 벗어난 경우 B 심판단으로부터 엄격하게 감점을 받는다.

3. E-심판단은 난도와는 관계가 없다. 난도나 연기구성에 관계없이 선수의 실수에 대하여 공평하게 감점하는 것이 그 임무이다.

4. E-심판단의 심판(D-심판단 포함)들은 가장 최근의 체조경기에 대한 지식을 가지고 있어야 하며, 체조경기가 어떻게 변화하는지 잘 판단하여야 한다. 또한, 무엇이 가능한지, 기대 가능한 요소가 무엇인지, 어떤 것이 예외인지, 무엇이 특별효과 역할을 하는지를 반드시 인식하고 있어야 한다(13.3장 참조).

5. E-심판단은 일부동작이 다음의 예와 같이 특별효과나 의도를 가지고 행해진 경우, 실수만 없다면 그에 대한 감점을 해서는 안된다.
   i. 평행봉에서 매달려 뒤돌아 버티기(Felge) 또는 매달려 크게 휘돌기(Giantswing)을 비행 또는 옮기기 동작과 함께 하거나, 더 큰 연기효과를 위해 느리게 봉을 잡는 물구나무서기 동작으로 연기가 마무리되지 않았더라도 감점하지 않는다. 그러나 특별효과나 의도가 있음을 명확하고 틀림없는 자세로 보여주는 것은 선수의 의무이다.
   ii. 철봉에서 크게 휘돌기 동작은 놓는 동작 및 착지준비를 위해 변형될 수 있다. 이와 같은 경우, 불필요하거나 미적 및 기술적 기대를 심하게 어기지 않는 한, 물구나무서기 동작에 도달하지 않았다고 하여도 감점대상이 되지는 않는다.

6. 어떤 경우일지라도, E-심판단의 심판 1명이라도 결정을 내리지 못할 경우, 해당 선수에게 어드밴티지를 주어야 한다.

7. E-심판단은 하나의 동작에서 뚜렷이 구분되는 2개의 실수가 함께 발견될 때 연속적으로 감점을 해야 한다. 즉, 하나의 동작이 미적 및 기술적으로 이중실수를 범하는 경우가 그 예이다. 예를 들면, 평행봉에서 팔 버티고 앞 흔들며 튀겨 1/2틀어 버티기(stutzkehre) 동작 시 각도가 불충분하며 동시에 무릎을 굽힌 경우가 해당된다.

기술연기와 자세 실수의 정의

1. 각 동작은 완벽한 연출 또는 완벽한 마무리 자세로 정의된다(13장 참조).

2. 올바른 연출에서 벗어난 동작은 실수로 간주되어 심판으로부터 그에 따라 평가를 받게 된다. 그러한 실수는 심판에 의해 작은 실수, 중간 실수, 큰 실수로 분류되어 감점을 받게 된다. 신체부위가 팔과, 다리, 몸에 상관없이 굽어진 정도에 따라 동일한 감점이 적용된다.

3. 완벽한 연출에서 미적 및 기술적으로 벗어난 동작의 경우 다음과 같이 감점을 받게 된다. 이 감점은 동작이나 난이도에 관계없이 반드시 부여된다.

작은 실수	0.1
중간 실수	0.3
큰 실수	0.5
떨어지는 경우	1.0

a) 작은 실수(0.1점 감점)
   - i. 완벽한 마무리 자세 및 완벽한 기술적 실시에서 경미하게 벗어난 경우
   - ii. 손, 발, 또는 몸의 자세를 약간 조정하는 경우
   - iii. 미적 및 기술적으로 연출 규정을 경미하게 위반한 경우

b) 중간 실수(0.3점 감점)
   - i. 완벽한 마무리 자세 및 완벽한 기술적 실시에서 뚜렷하게 벗어난 경우
   - ii. 손, 발, 또는 몸의 자세를 표시 나게 조정하는 경우
   - iii. 미적 및 기술적으로 연출 규정을 뚜렷하게 위반한 경우

c) 큰 실수(0.5점 감점)
   - i. 완벽한 마무리 자세 및 완벽한 기술적 실시에서 심하게 벗어난 경우
   - ii. 손, 발, 또는 몸의 자세를 심하게 조정하는 경우

iii. 모든 완전한 공회전(intermediate)

iv. 기타 미적 및 기술적으로 연출 규정을 심하게 위반한 경우

d) 떨어지거나 보조자의 도움을 받는 경우(1.0점 감점)

i. 선수가 동작 중 최소한 스윙과 같은 연속동작으로 이어질 수 있는 마무리 동작 없이 기구에 또는 기구에서 떨어졌을 때(즉, 문제의 동작 뒤에 평행봉의 경우, 매달리기 상태 또는 안마의 경우 버티기 상태) 또는 착지나 되잡기 도중, 동작의 순간 조절을 하지 못하였을 경우

ii. 동작 마무리를 위하여 보조자의 도움을 받은 경우

4. 선수는 기구에 또는 기구에서 떨어진 후 30초 이내에 경기를 재개하여야 하며, 시작자세로 복귀하기 위하여 필요한 요소 수만큼의 동작을 할 수 있다. 그렇지만 이 모든 동작은 완벽하게 실시되어야 한다. 내리기나 뜀틀경기 중 발생한 경우를 제외하고 놓친 동작은 반복하여 실시할 수 있다.

5. 무릎이나 팔을 굽힌다거나 나쁜 자세, 위치, 리듬결여 등 연기 실시상의 실수사항은 22.7항 ~ 22.14항 및 25항에 기술되어 있으며, 완벽한 연출에서 벗어난 정도나 실수의 정도에 따라 감점을 받게 된다.

6. 팔이나 다리, 몸을 굽힌 연기 실시상의 실수는 다음과 같이 분류되어진다.

소 결점 : 약간 굽히는 경우

중 결점 : 강하게 굽히는 경우

대 결점 : 지나치게 굽히는 경우

7. 각 종목에서 힘 버티기 또는 단순 버티기 동작의 경우, 완벽한 버티기 자세에서 벗어난 각도의 정도에 따라 기술적인 실수의 정도가 정해지고, 그에 따른 기술적 감점이 이루어진다.

a) 30도 이상 버티기 자세에서 벗어난 경우 E-심판단으로부터 큰 감점을 받게 될 것이다. 또한, 45도 이상 벗어난 경우 E-심판단으로부터 인정을

받지 못한다.

8. 어떤 이유일지라도 난도를 인정받지 못하는 힘 동작에서 밀어 올리기를 할 경우, 난도를 인정받지 못한다.

9. 만약 앞선 힘 버티기 동작이 부정확한 기술 또는 자세로 감점을 받게 되면, 뒤이은 밀어 올리기 동작에도 최대 0.50점까지 동일하게 감점을 하게 된다. 이러한 해석은 높은 위치나 기술적으로 미숙한 버티기 동작이 뒤이은 밀어 올리기 동작을좀 더 쉽게 만드는 경우에 한정한다(즉, 불안전한 L자 벌리기 또는 2초 이상 지속된 버티기 자세에서 비롯된 밀어 올리기 동작은 제외).

10. 완벽한 마무리 자세에서 벗어난 각도에 대한 기술적 감점은 흔들기 기술에도 적용 된다. 대부분의 경우, 완벽한 마무리 자세는 완벽한 물구나무서기로 정의된다. 또한 안마 선회의 경우, 완벽한 세로 버티기 또는 가로 버티기 자세로 정의된다. 흔들기 동작에 대하여 다음의 내용이 적용된다.
    a) 매트운동, 안마, 링, 평행봉 및 철봉에서, 흔들기 동작은 때때로 정확한 물구나무서기보다는 물구나무 동작을 통과하는 경우가 있다. 그렇지 않으면, 경기 리듬이 깨지기 때문이다. 이러한 이유로, 정확한 물구나무서기에서 15도 각도까지 벗어나는 것은 해당 동작의 종결로 인정해 준다. 하지만 물구나무서기에서 벗어난 각도가 16도~30도 사이인 경우 경미한 감점을 받게 된다.
    b) 안마에서, 선회와 대부분의 동작들은 정확한 세로 또는 가로 버티기 자세에서 15도 범위 내에서 이루어져야 한다. 경기를 하는 동안 올바른 자세에서 각도가 벗어날 때마다 이에 해당하는 감점을 당하게 된다. 더 큰 동작 부분을 위하여 정확한 버티기 지점에서 45도 이상 벗어나는 경우, E-심판단은 이를 인정하지 않는 반면, D-심판단은 비뚤어진 회전에 대해 각각 감점을 평가하게 된다.

11. 물구나무서기 동작을 통과하거나, 그 동작으로 마무리가 되는 흔들기 동작에서 정확한 자세에서 벗어나는 경우 다음과 같은 벌칙이 주어진다.

15도까지감점 없음
16도 - 30도 작은 실수
31도 - 45도 중간 실수
45도 이상 큰 실수 및 불인정(A-심판단)

<주의> 45도 이상의 흔들기 동작(또는 90도 이상의 비틀기 동작) 중 마지막동작에서 벗어나는 경우 E-심판단으로부터 큰 감점을 받게 되며, D-심판단으로부터 인정을 받지 못한다.

12. 링 경기에서 매달려 흔들기를 할 때, 어깨 위치가 최종적으로 잡는 위치보다 높게 올라가서는 안된다. 만약 이 위치이상으로 올라가면 다음과 같은 감점을 받는다.

작은 실수 15도까지
중간 실수 16도 - 30도
큰 실수 30도 이상
불인정 45도 이상(D심판단)

13. 모든 버티기 동작은 완전하게 정지한 자세에서 최소한 2초 이상 버티기이어야 한다. 1초도 채 버티지 못 한 경우, 큰 감점에 해당되며, D-심판단으로부터 인정을 받지 못할 것이다.

2초 이상감점 없음
1초 - 2초 사이 작은 실수
1초 중간 실수
1초 미만 큰 실수 및 불인정

14. 추가적인 기술적 감점은 24항에 나열되어 있으며, 각종 기구에 별도 적용되는 내용은 해당 장에 기술되어 있다.

15. 미숙한 착지에 대한 감점은 24항에 나열되어 있다. 올바른 착지는 우연히 서 있는 자세로 종료하는 것이 아니라, 준비된 착지를 의미한다. 연기동작은 선수가 완벽하게 마칠 수 있고, 착지 전에 짧은 시간에 회전과 몸을 펼 수 있는 고도의 기술로 이루어져야 한다.

연기 구성에 대한 예측

1. 연기구성에 대한 예측은 각 종목에서 선수들이 연출해 낼 것으로 예측되고 이해되는 경기본질의 측면을 일컫는다. 매트 모든 공간 활용하기, 멈춤 없이 흔들어동작하기, 반복동작 금지 등. 이러한 내용은 각 종목별로 관련 장에 별도로 정의되어 있다.

2. 연기 구성 결점은 제한적이지 않지만 다음의 내용을 포함한다.
   a) 불필요하게 다리를 벌리는 행위(E-심판단으로부터 중간 실수 = 0.3점)
      i. 선수는 연기의 미적 요소를 감소시킬 수 있고, 어떠한 유용한 목적도 없이다리를 벌리는 동작을 해서는 안된다. 예를 들면, 평행봉에서 틀기나 틀어 되잡기 시, 다리를 벌려서는 안 되고, 철봉이나 링에서 다리를 앞뒤로 벌리고 연기를 해서도 안 되며, 링에서 십자 버티기, 수평 버티기(스왈로우) 및 물구나무서기 동작을 할 때 다리가 벌어져서는 안된다. 다리를 벌린 체할 수 있는 동작들은 난이도표에 정리되어 있다.
   b) 동작의 반복
      i. 반복동작은 할 수는 있지만, 난도에 대한 가산점을 받지는 못한다. 그러나 이와 같은 동작은 E-심판단으로부터 정상적인 평가를 받을 것이다.
   c) 뒤로 쳐져 흔들기, 공회전 및 중간회전(중간 또는 큰 실수=0.3 또는 0.5점)
      i. 공회전은 아무런 동작이나, 버티기 또는 매달리기 자세, 또는 잡기 동작으로 끝나지 않은 채 흔들기를 하는 것을 일컫는다(E-심판단으로부터 중간 실수).
      ii. 중간 흔들기는 2번 연속적인 공회전을 말한다(E-심판단으로부터 큰 실수).
      iii. 중간 여분의 버티기(Layaways)는 도중 버티기(in support) 또는 팔

걸쳐버티기(upper arm support)에서 단순히 방향을 바꾸거나 더 낮은 매달리기 또는 버티기 자세로 가기 위해 아래 쪽 방향의 뒤로 흔드는 동작을 말한다 (또한 단순히 그립을 바꾸는 상황이 동반될 때). (E-심판단으로부터 중간실수)

3. 각 종목별 연기구성 규정 및 감점규정은 해당 장에 정리되어 있다.

E-심판단의 감점

다음은 각 종목과 매트운동에서 해당 실수를 범했을 경우, E-심판단이 부과하는 내용이다(각 종목별 추가 실수유형 및 감점 세부사항은 7장 ~ 12장을 참조).

실 수	작은 실수 0.10	중간 실수 0.30	큰 실수 0.50
미적인 관점에서 연기 실수에 대한 감점			
분명치 못한 자세 (굽히기, 접기, 펴기)	+	+	+
손이나 잡기 자세를 수정하는 경우	+		
물구나무서서 걷거나 홉을 할 경우	+		
기구나 바닥에 닿은 경우		+	
기구나 바닥을 때릴 경우			+
연기 중 선수가 보조자와 접촉했지만 보조자의 도움이 없는 경우		+	
떨어지지 않고 경기를 중단할 경우			+
팔, 다리를 굽히거나 다리를 벌리는 경우	+	+	+
미숙한 자세나 몸 위치 또는 마무리 단계에서 자세 수정 시	+	+	+
무릎 또는 다리를 벌린 채 공중돌기	어깨넓이 이하	어깨넓이 이상	
다리를 벌린 채 착지할 경우	어깨넓이 이하	어깨넓이 이상	
불안정한 착지 및 착지 시 발을 조정하거나 심하게 팔을 흔드는 경우	+		
착지 시 균형감각을 잃은 경우	약간 불안하고 스텝이나 홉이 경미한 경우 매 스텝당 (0.1점)	1손 또는 2손으로 매트를 건드릴 때	1손 또는 2손을 짚을 경우
착지 시 넘어질 경우			1.0점
착지 시 발이 바닥에 닿지 않고 넘어질 경우			1.0점 (D-심판단 불인정)
부적절하게 다리를 벌리는 경우		+	
기타 미적인 실수	+	+	+

실 수	작은 실수 0.10	중간 실수 0.30	큰 실수 0.50
기술적 관점의 연기 실수에 대한 감점			
휘돌기, 물구나무서기, 선회에서 동작의 각도가 벗어날 시	15도~30도	31도~45도	45도 이상 (난도 불인정)
완벽한 버티기 동작에서 각도가 벗어날 시	15도까지	16~30도	31~45도 (45도 이상은 불인정)
미숙한 버티기 자세에서 누르기	버티기 자세가 반복된 것에 상응하는 감점		
불완전한 틀기	30도까지	31~60도	61~90도 (90도 이상은 불인정)
공중돌기와 비행 동작에서 높이 및 정도가 결여된 경우	+	+	
추가적인 또는 중간 손으로 버티기	+		
힘으로 하는 swing 또는 swing으로 하는 힘기	+	+	+
버티기 시간(2초)	1~2초	1초	1초 미만 (불인정)
위로 하는 동작의 중단	+	+	+
버티기 또는 힘동작에서 2번 이상 시도		+	+
불안정한 물구나무서기 또는 물구나무에서 무너질 경우		흔들거나 크게 불안	완전히 무너짐
기구위로 떨어지거나 기구에서 낙하			1.0
완전한 공회전 또는 반 공회전 (layaway)		반 또는 layaway	전체
동작을 마무리할 때 보조자의 도움을 받는 경우			1.0 (D-심판단 불인정)
착지준비를 위하여 몸을 펴지 못한 경우	+	+	
기타 기술적인 실수	+	+	+

점수 재검토(조회)

a) 코치가 D1-심판에게 구두로 이의 신청하면, D-점수에 대한 조회를 할 수 있다. 이의 신청은 주심이 점수를 공표한 후 즉시 또는 다음 선수가 연기를 한 후 바로 신청해야 한다.

b) 시간이 초과한 이의 신청은 허용되지 않는다. 다른 팀 및 선수에 대한 이의 신청은 받아들여지지 않는다.

c) E-점수에 대한 이의 신청은 할 수 없다.

d) 구두로 이의신청을 받으면 D1-심판은 즉시 D2-심판 및 종목 감독관에게 알린다.

e) D1-심판, D2-심판, 종목 감독관이 서로 동의하면 즉시 결정을 내릴 수 있다. 만약 이들이 이의제기를 받아들이게 되면 동 사안은 결론지어진다.

f) 만약 이의제기를 받아들이지 않거나 이들 3인 사이에 어떤 합의가 이루어지지 않으면 상위 심판단장과 상의해야 한다. 최종결정은 상위 심판관의 권한에 속한다.

g) 다음과 같이 최단시간 내에 최종결정(제소될 여지가 없는)이 이루어져야 한다.
- 단체예선경기(C Ⅰ), 개인종합경기(C Ⅱ), 결승경기(CⅣ) 로테이션 끝에 (예외 아래 참조)
- 종목 결승(C-Ⅲ), 팀 결승경기(C-Ⅳ)의 로테이션 및 개인종합결승(C-Ⅱ)을 위해 다음 선수의 점수가 나오기 이전에

h) 이의제기는 몇 분 내에 확인할 수 있도록 서면으로 작성되어야 하며 공탁금으로 1차 신청시 USD 300, 2차 신청시 USD 500, 3차 및 계속 신청 시 USD 1,000에 대한 지불 동의가 이루어져야 한다. 이 금액은 이의제기 당일 상위 심판단장에게 지불되어야 하며 상위 심판단장은 가능한 한 빨리(사안 발생 후 10일 내에) 이의제기 내용의 사본과 함께 공탁금을 FIG 사무총장에게 전송해야 한다.
최초 의의제기가 성공적이면 다음 제기는 USD 300로부터 시작되며 이 원칙은 2차 USD 500 또는 3차 USD 1,000, 후속 이의제기에 적용된다. 처음 시작되는 공탁금 기준은 이의제기 성공 시점의 금액에 해당한다.

예) 1차 제기 : USD 300 - 이의제기가 성공한 경우, 2차 제기 시에는 동일 금액인 USD 300이 된다. 실패한 경우, 2차 제기 시에는 USD 500이 된다.

i) 요구 사항이 정당하게 수용되면 공탁금은 상환되지만 그렇지 않은 경우에는 FIG에 귀속된다.

j) 다음 대회 며칠 안에 각 위원회 멤버들이 비디오 분석을 하여 오류가 발견되면 문제의 심판은 제재 조치를 받는다.

라. 매트운동

26항. 매트운동의 정의

매트운동은 공중돌기 동작과 힘, 균형, 유연성, 물구나무서기 및 조화로운 리듬의 동작을 조합하여 모든 매트운동 공간(12m×12m)을 사용, 최대 70초의 시간 동안 행하는 안무운동이다.

27항. 매트운동 연기에 대한 정보

1. 선수는 정해진 매트 공간 내에서, 정지하여 양다리를 모아 선 자세로 매트운동을 시작한다. 경기 및 평가는 선수의 첫 발 동작과 함께 시작된다.

2. 선수는 본인이 철저한 안전과 고도의 미적 및 기술적 숙련됨을 가지고 수행할 수 있는 동작만을 연출해야 한다.

3. 추가적인 연기실시 및 구성에 대한 기대요소는 다음과 같다.
   a) 연기는 전적으로 매트 공간 내에서만 실시하여야 한다. 매트 공간 밖에서의 연기에 대해서는 E-심판단에 의해 평가를 받으며, D-심판은 그 기술에 대해서는 인정하지 않는다.
      i) 매트운동에 사용되는 공간은 경계선으로 표시되어진다. 경계선은 매트 공간의 일부로 간주된다. 따라서 선수는 경계선을 밟을 수는 있으나, 넘어갈 수는 없다.
      ii) 선수가 표시된 경계선을 넘어서는 행위는 매트운동 구역 근처에 상호대각선으로 마주보고 앉아있는 2개 라인 심판들에 의해 통제될 것이다. 각 라인 심판은 본인에게 가까운 2개의 경계선을 감독한다. 경계선 위반이 발생할 시, 해당 라인심판은 종목 심판단원에게 서면으로 그 사실을 통보해야 하며, 그에 따라 D1-심판은 선수의 최종점수에서 감점을 한다.
         ·한발이나 한손이 매트 공간 밖에 닿을 경우 = 0.10점
         ·두 발과 두 손, 한발과 한손 또는 신체의 어느 부분이라도 매트 공간 밖에 닿을 경우 = 0.30점
         ·매트 공간 밖에서 착지 할 경우 = 0.50점
         ·매트 공간 밖에서 연기를 시작할 경우 = 불인정
      iii) 선수가 경계선을 넘어서서 다시 경계선 안으로 들어오기 위해 내딛은 스텝은 감점의 대상이 아니다.
   b) 매트운동 경기시간은 최대 70초로, 시간을 측정하는 경기요원에 의해 확인

된다. 최저시간에 대한 규정은 별도로 정해져 있지 않다. 계시심판은 경기종료를 알리는 60초와 70초 경과를 선수가 청취할 수 있도록 전해야 한다. 경기시간은 선수가 첫발을 내딛는 순간부터 두 다리를 모으고 서있는 자세로 마무리를 하는 착지 시까지로 정한다. 만약 경기가 정해진 시간을 초과한 경우, 시간 측정 심판관은 D1-심판에게 그 사실을 알려 총점에서 감점할 수 있도록 한다.

c) 모든 매트공간을 사용하여야 한다. 모든 매트공간을 이용한다는 것은 선수가 2개의 대각선 (A-C, B-D) 공간과 사각형의 각 면을 모두 사용한다는 것인데, 최소한 A, B, C, D 각 코너에 한번씩은 위치하여야 함을 의미한다. 하지만 동일 대각선 위치에서 최대 2번까지 연속적으로 연기할 수 있다 (A-C, C-A).

d) 공중돌기 동작 전에 2초 이상 멈추는 동작을 해서는 안된다.

e) 각 공중돌기 동작은 공중돌기 동작이 상이한 다른 동작으로 이어지기 전, 확실하게 착지로 마무리되어야 한다.

f) 구르기와 같은 다이빙 및 공중돌기 동작요소(예, 3/2 전방 공중돌기)에서 순간적인 양손 버티기 모습을 보여주어야 한다. 즉, 손으로 버티지 않거나 손등으로만 접촉한 채 이들 요소를 실행할 수 없다. 단순한 다이빙 동작을 제외하고는 이들 요소는 청소년 대회에서는 금지된다.

g) 난도 및 요구조건을 위해 기대되거나 필요한 경우라면 매트에서 물구나무서기 동작은 반드시 팔을 펴고 실시하여야 하나, 그러한 의도를 표시 하는 것은 선수의 책임이다.

h) 연기는 공중돌기 동작으로 마무리 지어야 하며 두발을 모은 자세로 착지하여야 한다(구르기는 착지동작으로 인정되지 않는다).

4. 운동 연기와 관련된 실수와 그에 따른 감점에 대한 전체 목록 정보는 6장 및 24항 감점 요약을 참조할 것.

D점수에 대한 정보

1. 연기요소그룹

   Ⅰ. 균형, 힘 및 유연성의 동작(비 아크로바틱 동작)

   Ⅱ. 앞으로 공중돌기(전방 아크로바틱 요소)

   Ⅲ. 뒤로 공중돌기(후방 아크로바틱 요소)

   Ⅳ. 옆으로 공중돌기, 앞으로 돌아 1/2틀어 뒤로 점프, 뒤 공중돌아 1/2 틀어 앞으로 점프

2. 종말기(착지)는 연기요소그룹에 포함되지 않는다.

3. 난도 및 요소그룹에 대한 정보

   a) 공중돌기 동작 요소는 자체의 가치점을 갖고 있으며 연결기 동작을 실시한다.

   b) 매트운동에서 동작요소 하나로 단지 한 개의 요소그룹 요구조건만 이행된다. 만약 동작요소 하나가 내리기로서 실행된다면(요소그룹Ⅱ, Ⅲ 또는 Ⅳ) 단지 한 개의 내리기 그룹요구조건만을 이행한 것이 되며 각각의 요소그룹 점수를 얻기 위해서 운동 중에 선수는 내리기와 같은 요소그룹에서 동작 요소를 하나 이상 보여 주어야 한다.

4. 연결기에 대한 난도 정보

D 또는 그 이상의 점수치를 가진 공중돌기의 연결기는 +0.10 가산점을 받는다. 두개의 공중돌기가 D 및 +0.20 이상의 점수라면 이들 연결기의 점수치는 한쪽에만 적용된다.

주의 : 연결기를 하기 위해서는 반드시 두 동작 요소가 최상의 기술 10개안에 들어 있어야 할 의무가 없다.

5. 추가 정보 및 규정

   a) 3/2 공중 돌아 구르기는 금지된 동작이다.

   b) 선수는 구르기나 전방 버티기 자세로 마무리되는 최대 2개 요소를 이용할

수 있다.

c) 구르기(청소년 대회에서는 금지됨)나 전방 버티기 자세로 마무리하는 모든 동작은 난이도 표에 열거되어 있다. 안전을 위해 새로운 동작은 인정되지 않는다.

d) 별도로 난도표에 제시되지 않은 동작일 경우, 선화와 토마스 선회 동작은 동일한 난도로 취급한다. 다리를 벌린 상태로 숙여 옮겨서는 안된다.

e) 규칙집에 없는 동작, 즉 다리를 벌리고 힘으로 버티기 동작은 안된다.

f) 불인정 요소 및 D-점수 내용에 대한 규정 목록은 5장 및 17항의 감점요약 참조.

29항. 매트운동에서의 특정 실수 및 감점표

실 수	작은 실수 0.10	중간 실수 0.30	큰 실수 0.50
공중돌기 높이가 충분치 못한 경우	+	+	
체조적/정적 요소 시 유연성이 결여된 경우	+	+	
마루 공간 전체를 사용하지 않은 경우		4코너 이하	
손버티기 없이 구부려 공중돌기		손등으로	지지없이
공중돌기 전 2초 정지	+		
순간 착지 조절 불능(또는 전환 동작)	+	+	넘어짐=1.00
코너에서 단순 스텝	+ (매회)		

D-심판단

실 수	작은 실수 0.10	중간 실수 0.30	큰 실수 0.50
연기시간이 70초를 초과한 경우	2초 미만	2~5초	5초 이상
비 아크로바틱 요소 불법 착지(구르기)	D-심판단 불인정		
두 번 이상 구부려 공중돌기 또는 전방 버티기 동작	D-심판단 불인정		
한발 또는 한손이 마루 공간 밖에 닿을 경우	+		
양발/양손, 신체 일부가 마루 공간 밖에 닿을 경우		+	
마루 공간 밖에서 착지할 경우			+
마루 공간 밖에서 연기을 시작할 경우	점수 없음		
동일 대각선 방향으로 2번 이상 직접 연속동작		+	

2. 체조경기 여자 채점규정(매트운동)

가. 일반 사항

연기 평가는 선수의 최초 동작과 함께 시작 된다. 매트운동 시간은 1:30(90초)를 초과할 수 없다.

매트 운동 음악 CD는 경기운영본부에 제출되어야 한다. 각 CD는 운영본부와 선수단 단장이 인정한 시간에 맞춘다.

시간 측정:

- 보조심은 선수가 매트에서 첫 동작을 시작하면 시간을 재기시작 한다.
- 보조심은 선수가 마지막 자세로 연기를 끝내면 시간재기를 멈춘다. 매트운동은 음악과 함께 종료 된다.
- 1:30(90초)초 초과 연기가 되면, 초과시간에 대한 감점이 있다. 0.10점 감점
- 90초 시간제한 이후에 연기된 요소는 D-패널이 인정하고 E-패널이 평가한다.

오케스트라, 피아노, 또는 다른 악기(노래 없이)의 음악 반주는 녹음한 것으로 한다.

- 음악이 없거나 또는 목소리(노래)가 있는 음악 1.00 감점
  Note : 결정점에서 D-패널이 감점

경계 표시: 규정된 매트 넓이(12x12m)를 넘는 경우, 즉 경계표시의 바깥 매트부분 에 신체의 어느 부분이 닿으면 감점 요인이 생긴다.

- 발/손으로 바깥 부분을 짚을 때 -0.10점 감점
- 두 발/두 손 또는 신체 부분이 바깥에 닿을 때
  또는 두 발의 일부가 선 밖으로 나갔을 때(첫 번째 발 접촉) -0.30점 감점
- 두 발로 바깥에 착지 하였을 때 -0.50점 감점

시간과 선 위반은 계시심/라인심에 의해서 D-심판단에게 서면보고 되며 최종 점수에서 감점된다.

나. 연기의 내용과 구성

- 내리기를 포함한 최대 8개의 최고 난도가 난도 가치로 채점된다.
  최대 5개 아크로
  최대 3개 댄스
- 살토가 있는 아크로 라인은 최대 4개이다; 그 후의 아크로 라인은 어떤 난도라도 난도 가치로 인정되지 않는다.

난도가치는 아래에 나오는 동작을 다양하게 보여주어야 한다.

- 아크로바틱 요소
  Rolls(롤)
  Handstands(물구나무서기)
  비행 단계 동반된/없는 손 버티기 요소 그리고
  Saltos(살토)

- 댄스
  Leaps(립), Jumps(점프) 그리고 Hops(홉)
  Turns(턴)

다. 구성 요구사항(CR) - D-패널 2.50점

1. 댄스 과정에는 최소 3개의 다른 요소가 있으며 그 중 하나는 180° cross split 자세 -0.50점 획득
   3개 또는 그 이상의 (규칙에 있는)다른 leaps나 hopes의 댄스 과정이(running

step, small leap, hops chasse, chaine 턴과) 직접 또는 간접적으로 연결됨 그 목적은 흐르듯이 크게 움직이며, 이동하는 형태를 만들어 내기 위한 것이다. 점프나 턴은 위치가 고정되어있기 때문에 허용되지 않는다(Chaine 턴 두 발로 1/2 턴은 이동 스탭들이기 때문에 허용된다).

leaps과 hops가 댄스 과정의 첫 번째 또는 두 번째 요소로 이행된다면 한 발로 착지해야 한다.

2. 2개의 다른 살토가 동반된 하나의 아크로 연결 동작 　　-0.50점 획득

하나의 아크로 연결 동작는 최소 2개의 아크로바틱 비행 요소로 구성되어야 하며, 그 중 한개는 살토이어야 한다.

3. 앞으로 & 뒤로 살토 - 0.50점 획득

4. 더블 BA 살토와 LA(최소 360°) 턴 살토 　　- 0.50점 획득

5. 착지

착지가 없거나, A 또는 B 착지 　　- 0.00점 획득

착지 　　- 0.30점 획득

D 또는 더 높은 착지 　　- 0.50점 획득

- 착지는 마지막 살토 또는 최종 살토의 연결 동작이다.

2개 미만의 아크로 연결 동작가 연기될 경우 내리기는 없다.

마지막 아크로 연결 동작에서 살토를 실패할 경우, 착지를 위한 CR이 없는 것이 된다.

마지막 아크로 연결 동작나 살토 후에 최대 한 개의 아크로 요소와의 혼합 연결 동작이 허용된다.

평가 :

CR 없음 (D-심판단)

난도 가치 없음 - 7개 요소만 채점(D-심판단)

0.50 감점: 내리기 시도 없을 때(E-심판단)

착지 감점 적용(E-심판단)

라. 연결 가치(CV) - D-패널

연결 점수는 직·간접 아크로바틱 연결 동작에 대해서 인정 된다.

CV에 대한 점수는 D-점수에 더해진다.

아크로와의 직·간접 연결동작에 대한 공식은 다음과 같다.

간접적인 아크로바틱	
0.10	0.20
C+D	C+E
A+A+D(A는 동일할 것이다)	
직접적인 아크로바틱	
0.10	0.20
B+D	A/B+E
C+C	C+D
혼 합	
D-살토+A-jumps	
(이 순서로 연기되어야 함)	

간접 연결동작이란 비행단계와 손 버티기(예를 들어 준비 요소로서의 라운드-오프, 플릭-플락 등)와 직접 연결된 아크로바틱 요소가 살토 사이에 연기되는 것을 의미한다.

주의 : CV를 위한 아크로 요소는 손버티기가 없는 것에만 한한다.

마. 예술성 감점(E-패널)

실 수	0.10	0.30	0.50
-몸통과/이나 머리의 일부분이 마루에 스치고 마루 근접 동작이 부족함(요소는 필요하지 않음)	×		
-리듬에 있어서 변화의 불충분	×		
-전 연기를 통해 표현의 예술성 부족 • 독창적인 안무 요소와 동작구성의 독창성 • 음악의 사상(주제)을 동작을 통해 표현하지 못함	× ×		
-음악 • 음악과 동작간의 어색한 연결성 • 연기 마지막 부분에 동작과 음악의 박자가 일치되지 않음 • 배경 음악	× ×	×	×
-동작에 조화되지 않는 부적절한 제스처나 모방행위	×		

바. 특정 종목 감점(E-패널)

실 수	0.10	0.30	0.50
-아크로바틱 연결 동작 전에 집중을 위한 정치(2초 초과 시)	×		
-댄스요소를 위한 과도한 준비	×		
-특정 요소들의 지나친 사용: • prone 자세에서 1회 이상의 leap/jump/hop 요소	×		
-최소 360° 한 발 턴 빠뜨림		×	
-착지 미실시		×	

일반적 실수와 감점 표(1)

실 수		작은 실수	중간 실수	큰 실수	최대 실수
		0.10	0.30	0.50	0.80
E-패널 심판단에 의함(E1-E6)					
실시 실수					
-버티기에서 팔 또는 무릎 굽힘	매회	×	×	×	
-다리 또는 무릎 벌어짐	매회	×	어깨넓이 또는 이상		
-비틀기 요소동안 다리의 엇갈림	매회	×			
-요소높이 불충분(외부 폭)	매회	×			
불충분 -Tuck나 Fike의 정확성 -stretch 자세의 정확성	 매회 매회	× 90° 엉덩이각도 ×	× 130° 엉덩이각도 130° 이상		
-stretch 몸자세 유지 실패 (이단평행봉, 평균대, 마루) - 너무 일찍 pike한 경우)	매회	×	×		
-jump, Press 또는 Swing동안 물구나무서기 망설임	매회	×			
-착지준비에서 불충분한 뻗기	매회	×			
-직선방향에서 이탈	매회	×			
-불충분한 유연성(내부폭)	매회	×			
아크로 및 댄스 요소에서의 다리 자세: -불충분한 벌리기 -벌리기 시 다리가 평균대/마루와 평행하지 않을 때 (댄스)	 매회 매회	 × ×	 ×		
요소연기에서의 몸자세: -똑바른 몸자세 -바르지 않은/느슨한 발 -굽혀진 발	 매회	 × × ×	 ×		
-정확성(모든 동작은 분명한 시작과 마무리 자세를 가져야 한다)	매회	×			
모든 연기에 있어서: -불충분한 역동성 ● 연기 내내 동작 수행이 쉽다는 인상을 주는 힘을 유지는 것 ● "너무 어려워" 보이는 동작을 소극적으로 하는 것 ● 최종 자세를 달성함에 있어서 강한 긴장감, 속도, 민첩함을 경솔히 하는 것		×	×		
-댄스동작에서의 몸자세		×	×		
-불충분한 폭		×	×		
-착지 실수(내리기를 포함한 모든 요소)		떨어지지 않으면 착지 감점은 최대 0.80을 넘지 않는다.			
-착지 시 다리 벌어짐	매회	×	×		
-기구에 너무 가까이 붙음 (이단평행봉&평균대)		×	×		
-밸런스 유지하기 위한 동작:					
● 추가 팔 스윙		×			
● 균형유지를 위해 추가된 Trunk 동작	매회	×	×		
● 추가스텝, 약한의 홉(hop)	매회	×			
● 매우 큰 스텝 또는 점프(1m)	매회		×		
● 몸자세 실수	매회	×	×	×	
● 깊게 웅크림	매회			×	
● 손-팔이 기구를 스쳤지만 기구에서 떨어지지 않음	매회		×		
● 매트 또는 기구에서 한 손 또는 양손으로	매회				1.00
● 무릎 또는 힘이 매트에 떨어짐	매회				1.00
● 기구에서 떨어짐	매회				1.00

참고문헌

류근림, 기계체조, 서울 : 진명문화사, 1988.

김융길, 신영길, 기계체조 트레이닝의 이론과 실제, 서울 : 형설출판사, 1981.

현대레저연구회 편, 현대 신체조교본, 서울 : 진화당, 1986.

윤인호, 체육학습지도법, 서울 : 교학연구사, 1983.

고려대학교 사범대학 체육교육과 교수실, 대학체육, 고려대학교 출판부, 1985.

Bon Anderson, 스트레칭운동, 대학서림, 1993.

저자약력

최성곤(崔成坤)

경북 성주
경북대학교 사범대학 체육교육과 졸업
계명대학교 교육대학원 교육행정전공 졸업(교육학석사)
히로시마대학 대학원 교육학연구과 박사과정 졸업(교육학박사)
경북대학교 대학원 정치학과(정치학박사 수료)
계명대학교 체육대학 태권도학과 교수
계명대학교 체육대학 태권도학과 학과장 역임
계명대학교 태권도센터 소장
국기원고단자 논술심사위원
태권도 8단, 합기도 6단, 유도 2단